INDONÉSIO
VOCABULÁRIO

PORTUGUÊS INDONÉSIO

Para alargar o seu léxico e apurar as suas competências linguísticas

5000 palavras

Vocabulário Português Brasileiro-Indonésio - 5000 palavras

Por Andrey Taranov

Os vocabulários da T&P Books destinam-se a ajudar a aprender, a memorizar, e a rever palavras estrangeiras. O dicionário é dividido em temas, cobrindo todas as principais esferas de atividades quotidianas, negócios, ciência, cultura, etc.

O processo de aprendizagem, utilizando os dicionários baseados em temáticas da T&P Books dá-lhe as seguintes vantagens:

- Informação de origem corretamente agrupada predetermina o sucesso em fases subsequentes da memorização de palavras
- Disponibilização de palavras derivadas da mesma raiz, o que permite a memorização de unidades de texto (em vez de palavras separadas)
- Pequenas unidades de palavras facilitam o processo de estabelecimento de vínculos associativos necessários para a consolidação do vocabulário
- O nível de conhecimento da língua pode ser estimado pelo número de palavras aprendidas

T&P Books Publishing
www.tpbooks.com

ISBN: 978-1-78767-372-4

Este livro também está disponível em formato E-book.
Por favor visite www.tpbooks.com ou as principais livrarias on-line.

VOCABULÁRIO INDONÉSIO
palavras mais úteis

Os vocabulários da T&P Books destinam-se a ajudar a aprender, a memorizar, e a rever palavras estrangeiras. O vocabulário contém mais de 5000 palavras de uso comum organizadas tematicamente.

O vocabulário contém as palavras mais comummente usadas

Recomendado como adicional para qualquer curso de línguas

Satisfaz as necessidades dos iniciados e dos alunos avançados de línguas estrangeiras

Conveniente para o uso diário, sessões de revisão e atividades de auto-teste

Permite avaliar o seu vocabulário

Características especias do vocabulário

* As palavras estão organizadas de acordo com o seu significado, e não por ordem alfabética
* As palavras são apresentadas em três colunas para facilitar os processos de revisão e auto-teste
* As palavras compostas são divididas em pequenos blocos para facilitar o processo de aprendizagem
* O vocabulário oferece uma transcrição simples e adequada de cada palavra estrangeira

O vocabulário contém 155 tópicos incluindo:

Conceitos básicos, Números, Cores, Meses, Estações do ano, Unidades de medida, Roupas & Acessórios, Alimentos & Nutrição, Restaurante, Membros da Família, Parentes, Caráter, Sentimentos, Emoções, Doenças, Cidade, Passeios, Compras, Dinheiro, Casa, Lar, Escritório, Trabalho no Escritório, Importação & Exportação, Marketing, Pesquisa de Emprego, Esportes, Educação, Computador, Internet, Ferramentas, Natureza, Países, Nacionalidades e muito mais ...

TABELA DE CONTEÚDOS

GUIA DE PRONUNCIAÇÃO

Letra	Exemplo indonésio	Alfabeto fonético T&P	Exemplo Português
Aa	zaman	[a]	chamar
Bb	besar	[b]	barril
Cc	kecil, cepat	[ʧ]	Tchau!
Dd	dugaan	[d]	dentista
Ee	segera, mencium	[e], [ə]	mover
Ff	berfungsi	[f]	safári
Gg	juga, lagi	[g]	gosto
Hh	hanya, bahwa	[h]	[h] aspirada
Ii	izin, sebagai ganti	[i], [j]	sinônimo, Vietnã
Jj	setuju, ijin	[dʒ]	tajique
Kk	kemudian, tidak	[k], [']	kiwi, oclusiva glotal
Ll	dilarang	[l]	libra
Mm	melihat	[m]	magnólia
Nn	berenang	[n], [ŋ]	natureza, alcançar
Oo	toko roti	[o:]	albatroz
Pp	peribahasa	[p]	presente
Qq	Aquarius	[k]	aquilo
Rr	ratu, riang	[r]	[r] vibrante
Ss	sendok, syarat	[s], [ʃ]	sanita, mês
Tt	tamu, adat	[t]	tulipa
Uu	ambulans	[u]	bonita
Vv	renovasi	[v]	fava
Ww	pariwisata	[w]	página web
Xx	boxer	[ks]	perplexo
Yy	banyak, syarat	[j]	Vietnã
Zz	zamrud	[z]	sésamo

Combinações de letras

aa	maaf	[aʔa]	a+oclusiva glotal
kh	khawatir	[h]	[h] aspirada
th	Gereja Lutheran	[t]	tulipa
-k	tidak	[']	oclusiva glotal

ABREVIATURAS
usadas no vocabulário

Abreviaturas do Português

adj	-	adjetivo
adv	-	advérbio
anim.	-	animado
conj.	-	conjunção
desp.	-	esporte
etc.	-	Etcetera
ex.	-	por exemplo
f	-	nome feminino
f pl	-	feminino plural
fem.	-	feminino
inanim.	-	inanimado
m	-	nome masculino
m pl	-	masculino plural
m, f	-	masculino, feminino
masc.	-	masculino
mat.	-	matemática
mil.	-	militar
pl	-	plural
prep.	-	preposição
pron.	-	pronome
sb.	-	sobre
sing.	-	singular
v aux	-	verbo auxiliar
vi	-	verbo intransitivo
vi, vt	-	verbo intransitivo, transitivo
vr	-	verbo reflexivo
vt	-	verbo transitivo

CONCEITOS BÁSICOS

Conceitos básicos. Parte 1

1. Pronomes

eu	saya, aku	[saja], [aku]
você	engkau, kamu	[eŋkau], [kamu]
ele, ela	beliau, dia, ia	[beliau], [dia], [ia]
nós	kami, kita	[kami], [kita]
vocês	kalian	[kalian]
o senhor, -a	Anda	[anda]
senhores, -as	Anda sekalian	[anda sekalian]
eles, elas	mereka	[mereka]

2. Cumprimentos. Saudações. Despedidas

Oi!	Halo!	[halo!]
Olá!	Halo!	[halo!]
Bom dia!	Selamat pagi!	[slamat pagi!]
Boa tarde!	Selamat siang!	[slamat siaŋ!]
Boa noite!	Selamat sore!	[slamat sore!]
cumprimentar (vt)	menyapa	[mənjapa]
Oi!	Hai!	[hey!]
saudação (f)	sambutan, salam	[sambutan], [salam]
saudar (vt)	menyambut	[mənjambut]
Tudo bem?	Apa kabar?	[apa kabar?]
E aí, novidades?	Apa yang baru?	[apa yaŋ baru?]
Tchau!	Selamat tinggal!	[slamat tiŋgal!],
	Selamat jalan!	[slamat dʒʲalan!]
Até logo!	Dadah!	[dadah!]
Até breve!	Sampai bertemu lagi!	[sampaj bərtemu lagi!]
Adeus! (sing.)	Sampai jumpa!	[sampaj dʒʲumpa!]
Adeus! (pl)	Selamat tinggal!	[slamat tiŋgal!]
despedir-se (dizer adeus)	berpamitan	[bərpamitan]
Até mais!	Sampai nanti!	[sampaj nanti!]
Obrigado! -a!	Terima kasih!	[tərima kasih!]
Muito obrigado! -a!	Terima kasih banyak!	[tərima kasih banjaʔ!]
De nada	Kembali! Sama-sama!	[kembali!], [sama-sama!]
Não tem de quê	Kembali!	[kembali!]
Não foi nada!	Kembali!	[kembali!]
Desculpa! -pe!	Maaf, ...	[maʔaf, ...]
desculpar (vt)	memaafkan	[memaʔafkan]

desculpar-se (vr)	meminta maaf	[meminta ma'af]
Me desculpe	Maafkan saya	[ma'afkan saja]
Desculpe!	Maaf!	[ma'af!]
perdoar (vt)	memaafkan	[mema'afkan]
Não faz mal	Tidak apa-apa!	[tida' apa-apa!]
por favor	tolong	[toloŋ]
Não se esqueça!	Jangan lupa!	[dʒ|aŋan lupa!]
Com certeza!	Tentu!	[tentu!]
Claro que não!	Tentu tidak!	[tentu tida'!]
Está bem! De acordo!	Baiklah! Baik!	[bajklah!], [baj'!]
Chega!	Cukuplah!	[tʃukuplah!]

3. Como se dirigir a alguém

Desculpe ...	Maaf, ...	[ma'af, ...]
senhor	tuan	[tuan]
senhora	nyonya	[nenja]
senhorita	nona	[nona]
jovem	nak	[na']
menino	nak, bocah	[nak], [botʃah]
menina	nak	[na']

4. Números cardinais. Parte 1

zero	nol	[nol]
um	satu	[satu]
dois	dua	[dua]
três	tiga	[tiga]
quatro	empat	[empat]
cinco	lima	[lima]
seis	enam	[enam]
sete	tujuh	[tudʒ|uh]
oito	delapan	[delapan]
nove	sembilan	[sembilan]
dez	sepuluh	[sepuluh]
onze	sebelas	[sebelas]
doze	dua belas	[dua belas]
treze	tiga belas	[tiga belas]
catorze	empat belas	[empat belas]
quinze	lima belas	[lima belas]
dezesseis	enam belas	[enam belas]
dezessete	tujuh belas	[tudʒ|uh belas]
dezoito	delapan belas	[delapan belas]
dezenove	sembilan belas	[sembilan belas]
vinte	dua puluh	[dua puluh]
vinte e um	dua puluh satu	[dua puluh satu]
vinte e dois	dua puluh dua	[dua puluh dua]

vinte e três	dua puluh tiga	[dua puluh tiga]
trinta	tiga puluh	[tiga puluh]
trinta e um	tiga puluh satu	[tiga puluh satu]
trinta e dois	tiga puluh dua	[tiga puluh dua]
trinta e três	tiga puluh tiga	[tiga puluh tiga]

quarenta	empat puluh	[empat puluh]
quarenta e um	empat puluh satu	[empat puluh satu]
quarenta e dois	empat puluh dua	[empat puluh dua]
quarenta e três	empat puluh tiga	[empat puluh tiga]

cinquenta	lima puluh	[lima puluh]
cinquenta e um	lima puluh satu	[lima puluh satu]
cinquenta e dois	lima puluh dua	[lima puluh dua]
cinquenta e três	lima puluh tiga	[lima puluh tiga]

sessenta	enam puluh	[enam puluh]
sessenta e um	enam puluh satu	[enam puluh satu]
sessenta e dois	enam puluh dua	[enam puluh dua]
sessenta e três	enam puluh tiga	[enam puluh tiga]

setenta	tujuh puluh	[tudʒiuh puluh]
setenta e um	tujuh puluh satu	[tudʒiuh puluh satu]
setenta e dois	tujuh puluh dua	[tudʒiuh puluh dua]
setenta e três	tujuh puluh tiga	[tudʒiuh puluh tiga]

oitenta	delapan puluh	[delapan puluh]
oitenta e um	delapan puluh satu	[delapan puluh satu]
oitenta e dois	delapan puluh dua	[delapan puluh dua]
oitenta e três	delapan puluh tiga	[delapan puluh tiga]

noventa	sembilan puluh	[sembilan puluh]
noventa e um	sembulan puluh satu	[sembulan puluh satu]
noventa e dois	sembilan puluh dua	[sembilan puluh dua]
noventa e três	sembilan puluh tiga	[sembilan puluh tiga]

5. Números cardinais. Parte 2

cem	seratus	[seratus]
duzentos	dua ratus	[dua ratus]
trezentos	tiga ratus	[tiga ratus]
quatrocentos	empat ratus	[empat ratus]
quinhentos	lima ratus	[lima ratus]

seiscentos	enam ratus	[enam ratus]
setecentos	tujuh ratus	[tudʒiuh ratus]
oitocentos	delapan ratus	[delapan ratus]
novecentos	sembilan ratus	[sembilan ratus]

mil	seribu	[seribu]
dois mil	dua ribu	[dua ribu]
três mil	tiga ribu	[tiga ribu]
dez mil	sepuluh ribu	[sepuluh ribu]
cem mil	seratus ribu	[seratus ribu]

| um milhão | **juta** | [dʒ^juta] |
| um bilhão | **miliar** | [miliar] |

6. Números ordinais

primeiro (adj)	**pertama**	[pərtama]
segundo (adj)	**kedua**	[kedua]
terceiro (adj)	**ketiga**	[ketiga]
quarto (adj)	**keempat**	[keempat]
quinto (adj)	**kelima**	[kelima]
sexto (adj)	**keenam**	[keenam]
sétimo (adj)	**ketujuh**	[ketudʒ^juh]
oitavo (adj)	**kedelapan**	[kedelapan]
nono (adj)	**kesembilan**	[kesembilan]
décimo (adj)	**kesepuluh**	[kesepuluh]

7. Números. Frações

fração (f)	**pecahan**	[petʃahan]
um meio	**seperdua**	[seperdua]
um terço	**sepertiga**	[sepertiga]
um quarto	**seperempat**	[seperempat]
um oitavo	**seperdelapan**	[seperdelapan]
um décimo	**sepersepuluh**	[sepersepuluh]
dois terços	**dua pertiga**	[dua pərtiga]
três quartos	**tiga perempat**	[tiga pərempat]

8. Números. Operações básicas

subtração (f)	**pengurangan**	[peŋuraŋan]
subtrair (vi, vt)	**mengurangkan**	[məŋuraŋkan]
divisão (f)	**pembagian**	[pembagian]
dividir (vt)	**membagi**	[membagi]
adição (f)	**penambahan**	[penambahan]
somar (vt)	**menambahkan**	[mənambahkan]
adicionar (vt)	**menambahkan**	[mənambahkan]
multiplicação (f)	**pengalian**	[peŋalian]
multiplicar (vt)	**mengalikan**	[məŋalikan]

9. Números. Diversos

algarismo, dígito (m)	**angka**	[aŋka]
número (m)	**nomor**	[nomor]
numeral (m)	**kata bilangan**	[kata bilaŋan]
menos (m)	**minus**	[minus]

| mais (m) | plus | [plus] |
| fórmula (f) | rumus | [rumus] |

cálculo (m)	perhitungan	[pərhituŋan]
contar (vt)	menghitung	[məŋhituŋ]
calcular (vt)	menghitung	[məŋhituŋ]
comparar (vt)	membandingkan	[membandiŋkan]

Quanto, -os, -as?	Berapa?	[bərapa?]
soma (f)	jumlah	[dʒ'umlah]
resultado (m)	hasil	[hasil]
resto (m)	sisa, baki	[sisa], [baki]

alguns, algumas ...	beberapa	[beberapa]
pouco (~ tempo)	sedikit	[sedikit]
resto (m)	selebihnya, sisanya	[selebihnja], [sisanja]
um e meio	satu setengah	[satu seteŋah]
dúzia (f)	lusin	[lusin]

ao meio	dua bagian	[dua bagian]
em partes iguais	rata	[rata]
metade (f)	setengah	[seteŋah]
vez (f)	kali	[kali]

10. Os verbos mais importantes. Parte 1

abrir (vt)	membuka	[membuka]
acabar, terminar (vt)	mengakhiri	[məŋahiri]
aconselhar (vt)	menasihati	[mənasihati]
adivinhar (vt)	menerka	[mənerka]
advertir (vt)	memperingatkan	[memperiŋatkan]

ajudar (vt)	membantu	[membantu]
almoçar (vi)	makan siang	[makan siaŋ]
alugar (~ um apartamento)	menyewa	[mənjewa]
amar (pessoa)	mencintai	[məntʃintaj]
ameaçar (vt)	mengancam	[məŋantʃam]

anotar (escrever)	mencatat	[məntʃatat]
apressar-se (vr)	tergesa-gesa	[tərgesa-gesa]
arrepender-se (vr)	menyesal	[mənjesal]
assinar (vt)	menandatangani	[mənandataŋani]
brincar (vi)	bergurau	[bərgurau]

brincar, jogar (vi, vt)	bermain	[bərmajn]
buscar (vt)	mencari ...	[məntʃari ...]
caçar (vi)	berburu	[bərburu]
cair (vi)	jatuh	[dʒ'atuh]
cavar (vt)	menggali	[məŋgali]
chamar (~ por socorro)	memanggil	[memaŋgil]

chegar (vi)	datang	[dataŋ]
chorar (vi)	menangis	[mənaŋis]
começar (vt)	memulai, membuka	[memulaj], [membuka]

comparar (vt)	membandingkan	[membandiŋkan]
concordar (dizer "sim")	setuju	[setudʒiu]
confiar (vt)	mempercayai	[mempertʃajaj]
confundir (equivocar-se)	bingung membedakan	[biŋuŋ membedakan]
conhecer (vt)	kenal	[kenal]
contar (fazer contas)	menghitung	[məŋhituŋ]
contar com ...	mengharapkan ...	[məŋharapkan ...]
continuar (vt)	meneruskan	[məneruskan]
controlar (vt)	mengontrol	[məŋontrol]
convidar (vt)	mengundang	[məŋundaŋ]
correr (vi)	lari	[lari]
criar (vt)	menciptakan	[məntʃiptakan]
custar (vt)	berharga	[bərharga]

11. Os verbos mais importantes. Parte 2

dar (vt)	memberi	[memberi]
dar uma dica	memberi petunjuk	[memberi petundʒiu²]
decorar (enfeitar)	menghiasi	[məŋhiasi]
defender (vt)	membela	[membela]
deixar cair (vt)	tercecer	[tərtʃetʃer]
descer (para baixo)	turun	[turun]
desculpar (vt)	memaafkan	[mema²afkan]
desculpar-se (vr)	meminta maaf	[meminta ma²af]
dirigir (~ uma empresa)	memimpin	[memimpin]
discutir (notícias, etc.)	membicarakan	[membitʃarakan]
disparar, atirar (vi)	menembak	[mənemba²]
dizer (vt)	berkata	[bərkata]
duvidar (vt)	ragu-ragu	[ragu-ragu]
encontrar (achar)	menemukan	[mənemukan]
enganar (vt)	menipu	[mənipu]
entender (vt)	mengerti	[məŋerti]
entrar (na sala, etc.)	masuk, memasuki	[masuk], [memasuki]
enviar (uma carta)	mengirim	[məŋirim]
errar (enganar-se)	salah	[salah]
escolher (vt)	memilih	[memilih]
esconder (vt)	menyembunyikan	[mənjembunjikan]
escrever (vt)	menulis	[mənulis]
esperar (aguardar)	menunggu	[mənuŋgu]
esperar (ter esperança)	berharap	[bərharap]
esquecer (vt)	melupakan	[melupakan]
estar (vi)	sedang	[sedaŋ]
estudar (vt)	mempelajari	[mempeladʒiari]
exigir (vt)	menuntut	[mənuntut]
existir (vi)	ada	[ada]
explicar (vt)	menjelaskan	[məndʒielaskan]
falar (vi)	berbicara	[bərbitʃara]

faltar (a la escuela, etc.)	absen	[absen]
fazer (vt)	membuat	[membuat]
ficar em silêncio	diam	[diam]
gabar-se (vr)	membual	[membual]

gostar (apreciar)	suka	[suka]
gritar (vi)	berteriak	[bərteria']
guardar (fotos, etc.)	menyimpan	[mənjimpan]
informar (vt)	menginformasikan	[mənjinformasikan]
insistir (vi)	mendesak	[məndesa']

insultar (vt)	menghina	[mənhina]
interessar-se (vr)	menaruh minat pada ...	[mənaruh minat pada ...]
ir (a pé)	berjalan	[bərdʒ'alan]
ir nadar	berenang	[bərenaŋ]
jantar (vi)	makan malam	[makan malam]

12. Os verbos mais importantes. Parte 3

ler (vt)	membaca	[membatʃa]
libertar, liberar (vt)	membebaskan	[membebaskan]
matar (vt)	membunuh	[membunuh]
mencionar (vt)	menyebut	[mənjebut]
mostrar (vt)	menunjukkan	[mənundʒ'u'kan]

mudar (modificar)	mengubah	[məŋubah]
nadar (vi)	berenang	[bərenaŋ]
negar-se a ... (vr)	menolak	[mənola']
objetar (vt)	keberatan	[keberatan]

observar (vt)	mengamati	[məŋamati]
ordenar (mil.)	memerintahkan	[memerintahkan]
ouvir (vt)	mendengar	[məndeŋar]
pagar (vt)	membayar	[membajar]
parar (vi)	berhenti	[bərhenti]

parar, cessar (vt)	menghentikan	[mənhentikan]
participar (vi)	turut serta	[turut serta]
pedir (comida, etc.)	memesan	[memesan]
pedir (um favor, etc.)	meminta	[meminta]
pegar (tomar)	mengambil	[məŋambil]

pegar (uma bola)	menangkap	[mənaŋkap]
pensar (vi, vt)	berpikir	[bərpikir]
perceber (ver)	memperhatikan	[memperhatikan]
perdoar (vt)	memaafkan	[mema'afkan]
perguntar (vt)	bertanya	[bərtanja]

permitir (vt)	mengizinkan	[mənjizinkan]
pertencer a ... (vi)	kepunyaan ...	[kepunja'an ...]
planejar (vt)	merencanakan	[merentʃanakan]
poder (~ fazer algo)	bisa	[bisa]
possuir (uma casa, etc.)	memiliki	[memiliki]
preferir (vt)	lebih suka	[lebih suka]

preparar (vt)	memasak	[memasaʔ]
prever (vt)	menduga	[mənduga]
prometer (vt)	berjanji	[bərdʒˈandʒi]
pronunciar (vt)	melafalkan	[melafalkan]

propor (vt)	mengusulkan	[məŋusulkan]
punir (castigar)	menghukum	[məŋhukum]
quebrar (vt)	memecahkan	[memetʃahkan]
queixar-se de ...	mengeluh	[məŋeluh]
querer (desejar)	mau, ingin	[mau], [iŋin]

13. Os verbos mais importantes. Parte 4

ralhar, repreender (vt)	memarahi, menegur	[memarahi], [menegur]
recomendar (vt)	merekomendasi	[merekomendasi]
repetir (dizer outra vez)	mengulangi	[məŋulaŋi]
reservar (~ um quarto)	memesan	[memesan]
responder (vt)	menjawab	[məndʒˈawab]

rezar, orar (vi)	bersembahyang, berdoa	[bərsembahjaŋ], [bərdoa]
rir (vi)	tertawa	[tərtawa]
roubar (vt)	mencuri	[məntʃuri]
saber (vt)	tahu	[tahu]
sair (~ de casa)	keluar	[keluar]

salvar (resgatar)	menyelamatkan	[mənjelamatkan]
seguir (~ alguém)	mengikuti ...	[məŋikuti ...]
sentar-se (vr)	duduk	[duduʔ]
ser (vi)	ialah, adalah	[ialah], [adalah]
ser necessário	dibutuhkan	[dibutuhkan]

significar (vt)	berarti	[bərarti]
sorrir (vi)	tersenyum	[tərsenyum]

subestimar (vt)	meremehkan	[meremehkan]
surpreender-se (vr)	heran	[heran]

tentar (~ fazer)	mencoba	[məntʃoba]
ter (vt)	mempunyai	[mempunjaj]
ter fome	lapar	[lapar]

ter medo	takut	[takut]
ter sede	haus	[haus]
tocar (com as mãos)	menyentuh	[mənjentuh]
tomar café da manhã	sarapan	[sarapan]

trabalhar (vi)	bekerja	[bekerdʒˈa]
traduzir (vt)	menerjemahkan	[mənerdʒˈemahkan]

unir (vt)	menyatukan	[mənjatukan]
vender (vt)	menjual	[məndʒˈual]
ver (vt)	melihat	[melihat]
virar (~ para a direita)	membelok	[membeloʔ]
voar (vi)	terbang	[tərbaŋ]

14. Cores

cor (f)	warna	[warna]
tom (m)	nuansa	[nuansa]
tonalidade (m)	warna	[warna]
arco-íris (m)	pelangi	[pelaŋi]
branco (adj)	putih	[putih]
preto (adj)	hitam	[hitam]
cinza (adj)	kelabu	[kelabu]
verde (adj)	hijau	[hidʒ¡au]
amarelo (adj)	kuning	[kuniŋ]
vermelho (adj)	merah	[merah]
azul (adj)	biru	[biru]
azul claro (adj)	biru muda	[biru muda]
rosa (adj)	pink	[pin']
laranja (adj)	oranye, jingga	[oranje], [dʒiŋga]
violeta (adj)	violet, ungu muda	[violet], [uŋu muda]
marrom (adj)	cokelat	[ʧokelat]
dourado (adj)	keemasan	[keemasan]
prateado (adj)	keperakan	[keperakan]
bege (adj)	abu-abu kecokelatan	[abu-abu keʧokelatan]
creme (adj)	krem	[krem]
turquesa (adj)	pirus	[pirus]
vermelho cereja (adj)	merah tua	[merah tua]
lilás (adj)	ungu	[uŋu]
carmim (adj)	merah lembayung	[merah lembajuŋ]
claro (adj)	terang	[teraŋ]
escuro (adj)	gelap	[gelap]
vivo (adj)	terang	[teraŋ]
de cor	berwarna	[bərwarna]
a cores	warna	[warna]
preto e branco (adj)	hitam-putih	[hitam-putih]
unicolor (de uma só cor)	polos, satu warna	[polos], [satu warna]
multicolor (adj)	berwarna-warni	[bərwarna-warni]

15. Questões

Quem?	Siapa?	[siapa?]
O que?	Apa?	[apa?]
Onde?	Di mana?	[di mana?]
Para onde?	Ke mana?	[ke mana?]
De onde?	Dari mana?	[dari mana?]
Quando?	Kapan?	[kapan?]
Para quê?	Mengapa?	[məŋapa?]
Por quê?	Mengapa?	[məŋapa?]
Para quê?	Untuk apa?	[untu' apa?]

Como?	Bagaimana?	[bagajmana?]
Qual (~ é o problema?)	Apa? Yang mana?	[apa?], [yaŋ mana?]
Qual (~ deles?)	Yang mana?	[yaŋ mana?]
A quem?	Kepada siapa? Untuk siapa?	[kepada siapa?], [untu' siapa?]
De quem?	Tentang siapa?	[tentaŋ siapa?]
Do quê?	Tentang apa?	[tentaŋ apa?]
Com quem?	Dengan siapa?	[deŋan siapa?]
Quanto, -os, -as?	Berapa?	[bərapa?]
De quem (~ é isto?)	Milik siapa?	[mili' siapa?]

16. Preposições

com (prep.)	dengan	[deŋan]
sem (prep.)	tanpa	[tanpa]
a, para (exprime lugar)	ke	[ke]
sobre (ex. falar ~)	tentang ...	[tentaŋ ...]
antes de ...	sebelum	[sebelum]
em frente de ...	di depan ...	[di depan ...]
debaixo de ...	di bawah	[di bawah]
sobre (em cima de)	di atas	[di atas]
em ..., sobre ...	di atas	[di atas]
de, do (sou ~ Rio de Janeiro)	dari	[dari]
de (feito ~ pedra)	dari	[dari]
em (~ 3 dias)	dalam	[dalam]
por cima de ...	melalui	[melalui]

17. Palavras funcionais. Advérbios. Parte 1

Onde?	Di mana?	[di mana?]
aqui	di sini	[di sini]
lá, ali	di sana	[di sana]
em algum lugar	di suatu tempat	[di suatu tempat]
em lugar nenhum	tak ada di mana pun	[ta' ada di mana pun]
perto de ...	dekat	[dekat]
perto da janela	dekat jendela	[dekat dʒɪendela]
Para onde?	Ke mana?	[ke mana?]
aqui	ke sini	[ke sini]
para lá	ke sana	[ke sana]
daqui	dari sini	[dari sini]
de lá, dali	dari sana	[dari sana]
perto	dekat	[dekat]
longe	jauh	[dʒɪauh]
perto de ...	dekat	[dekat]

| à mão, perto | dekat | [dekat] |
| não fica longe | tidak jauh | [tida' dʒʲauh] |

esquerdo (adj)	kiri	[kiri]
à esquerda	di kiri	[di kiri]
para a esquerda	ke kiri	[ke kiri]

direito (adj)	kanan	[kanan]
à direita	di kanan	[di kanan]
para a direita	ke kanan	[ke kanan]

em frente	di depan	[di depan]
da frente	depan	[depan]
adiante (para a frente)	ke depan	[ke depan]

atrás de ...	di belakang	[di belákaŋ]
de trás	dari belakang	[dari belakaŋ]
para trás	mundur	[mundur]

| meio (m), metade (f) | tengah | [teŋah] |
| no meio | di tengah | [di teŋah] |

do lado	di sisi, di samping	[di sisi], [di sampiŋ]
em todo lugar	di mana-mana	[di mana-mana]
por todos os lados	di sekitar	[di sekitar]

de dentro	dari dalam	[dari dalam]
para algum lugar	ke suatu tempat	[ke suatu tempat]
diretamente	terus	[terus]
de volta	kembali	[kembali]

| de algum lugar | dari mana pun | [dari mana pun] |
| de algum lugar | dari suatu tempat | [dari suatu tempat] |

em primeiro lugar	pertama	[pərtama]
em segundo lugar	kedua	[kedua]
em terceiro lugar	ketiga	[ketiga]

de repente	tiba-tiba	[tiba-tiba]
no início	mula-mula	[mula-mula]
pela primeira vez	untuk pertama kalinya	[untu' pərtama kalinja]
muito antes de ...	jauh sebelum ...	[dʒʲauh sebelum ...]
de novo	kembali	[kembali]
para sempre	untuk selama-lamanya	[untu' selama-lamanja]

nunca	tidak pernah	[tida' pərnah]
de novo	lagi, kembali	[lagi], [kembali]
agora	sekarang	[sekaraŋ]
frequentemente	sering, seringkali	[seriŋ], [seriŋkali]
então	ketika itu	[ketika itu]
urgentemente	segera	[segera]
normalmente	biasanya	[biasanja]

a propósito, ...	ngomong-ngomong ...	[ŋomoŋ-ŋomoŋ ...]
é possível	mungkin	[muŋkin]
provavelmente	mungkin	[muŋkin]

talvez	**mungkin**	[muŋkin]
além disso, ...	**selain itu** ...	[selajn itu ...]
por isso ...	**karena itu** ...	[karena itu ...]
apesar de ...	**meskipun** ...	[meskipun ...]
graças a ...	**berkat** ...	[berkat ...]

que (pron.)	**apa**	[apa]
que (conj.)	**bahwa**	[bahwa]
algo	**sesuatu**	[sesuatu]
alguma coisa	**sesuatu**	[sesuatu]
nada	**tidak sesuatu pun**	[tida' sesuatu pun]

quem	**siapa**	[siapa]
alguém (~ que ...)	**seseorang**	[seseoraŋ]
alguém (com ~)	**seseorang**	[seseoraŋ]

ninguém	**tidak seorang pun**	[tida' seoraŋ pun]
para lugar nenhum	**tidak ke mana pun**	[tida' ke mana pun]
de ninguém	**tidak milik siapa pun**	[tida' mili' siapa pun]
de alguém	**milik seseorang**	[mili' seseoraŋ]

tão	**sangat**	[saŋat]
também (gostaria ~ de ...)	**juga**	[dʒʲuga]
também (~ eu)	**juga**	[dʒʲuga]

18. Palavras funcionais. Advérbios. Parte 2

Por quê?	**Mengapa?**	[məŋapa?]
por alguma razão	**entah mengapa**	[entah məŋapa]
porque ...	**karena** ...	[karena ...]
por qualquer razão	**untuk tujuan tertentu**	[untu' tudʒʲuan tərtentu]

e (tu ~ eu)	**dan**	[dan]
ou (ser ~ não ser)	**atau**	[atau]
mas (porém)	**tetapi, namun**	[tetapi], [namun]
para (~ a minha mãe)	**untuk**	[untu']

muito, demais	**terlalu**	[tərlalu]
só, somente	**hanya**	[hanja]
exatamente	**tepat**	[tepat]
cerca de (~ 10 kg)	**sekitar**	[sekitar]

aproximadamente	**kira-kira**	[kira-kira]
aproximado (adj)	**kira-kira**	[kira-kira]
quase	**hampir**	[hampir]
resto (m)	**selebihnya, sisanya**	[selebihnja], [sisanja]

o outro (segundo)	**kedua**	[kedua]
outro (adj)	**lain**	[lain]
cada (adj)	**setiap**	[setiap]
qualquer (adj)	**sebarang**	[sebaraŋ]
muito, muitos, muitas	**banyak**	[banja']
muitas pessoas	**banyak orang**	[banja' oraŋ]
todos	**semua**	[semua]

em troca de ...	**sebagai ganti ...**	[sebagaj ganti ...]
em troca	**sebagai gantinya**	[sebagaj gantinja]
à mão	**dengan tangan**	[deŋan taŋan]
pouco provável	**hampir tidak**	[hampir tidaˀ]
provavelmente	**mungkin**	[muŋkin]
de propósito	**sengaja**	[seŋadʒʲa]
por acidente	**tidak sengaja**	[tidaˀ seŋadʒʲa]
muito	**sangat**	[saŋat]
por exemplo	**misalnya**	[misalnja]
entre	**antara**	[antara]
entre (no meio de)	**di antara**	[di antara]
tanto	**banyak sekali**	[banjaˀ sekali]
especialmente	**terutama**	[tərutama]

Conceitos básicos. Parte 2

19. Dias da semana

segunda-feira (f)	Hari Senin	[hari senin]
terça-feira (f)	Hari Selasa	[hari selasa]
quarta-feira (f)	Hari Rabu	[hari rabu]
quinta-feira (f)	Hari Kamis	[hari kamis]
sexta-feira (f)	Hari Jumat	[hari dʒ'umat]
sábado (m)	Hari Sabtu	[hari sabtu]
domingo (m)	Hari Minggu	[hari miŋgu]
hoje	hari ini	[hari ini]
amanhã	besok	[beso']
depois de amanhã	besok lusa	[beso' lusa]
ontem	kemarin	[kemarin]
anteontem	kemarin dulu	[kemarin dulu]
dia (m)	hari	[hari]
dia (m) de trabalho	hari kerja	[hari kerdʒ'a]
feriado (m)	hari libur	[hari libur]
dia (m) de folga	hari libur	[hari libur]
fim (m) de semana	akhir pekan	[ahir pekan]
o dia todo	seharian	[seharian]
no dia seguinte	hari berikutnya	[hari bərikutnja]
há dois dias	dua hari lalu	[dua hari lalu]
na véspera	hari sebelumnya	[hari sebelumnja]
diário (adj)	harian	[harian]
todos os dias	tiap hari	[tiap hari]
semana (f)	minggu	[miŋgu]
na semana passada	minggu lalu	[miŋgu lalu]
semana que vem	minggu berikutnya	[miŋgu bərikutnja]
semanal (adj)	mingguan	[miŋguan]
toda semana	tiap minggu	[tiap miŋgu]
duas vezes por semana	dua kali seminggu	[dua kali semiŋgu]
toda terça-feira	tiap Hari Selasa	[tiap hari selasa]

20. Horas. Dia e noite

manhã (f)	pagi	[pagi]
de manhã	pada pagi hari	[pada pagi hari]
meio-dia (m)	tengah hari	[teŋah hari]
à tarde	pada sore hari	[pada sore hari]
tardinha (f)	sore, malam	[sore], [malam]
à tardinha	waktu sore	[waktu sore]

noite (f)	**malam**	[malam]
à noite	**pada malam hari**	[pada malam hari]
meia-noite (f)	**tengah malam**	[teŋah malam]
segundo (m)	**detik**	[detiʔ]
minuto (m)	**menit**	[menit]
hora (f)	**jam**	[dʒʲam]
meia hora (f)	**setengah jam**	[seteŋah dʒʲam]
quarto (m) de hora	**seperempat jam**	[seperempat dʒʲam]
quinze minutos	**lima belas menit**	[lima belas menit]
vinte e quatro horas	**siang-malam**	[siaŋ-malam]
nascer (m) do sol	**matahari terbit**	[matahari tərbit]
amanhecer (m)	**subuh**	[subuh]
madrugada (f)	**dini pagi**	[dini pagi]
pôr-do-sol (m)	**matahari terbenam**	[matahari tərbenam]
de madrugada	**pagi-pagi**	[pagi-pagi]
esta manhã	**pagi ini**	[pagi ini]
amanhã de manhã	**besok pagi**	[beso' pagi]
esta tarde	**sore ini**	[sore ini]
à tarde	**pada sore hari**	[pada sore hari]
amanhã à tarde	**besok sore**	[beso' sore]
esta noite, hoje à noite	**sore ini**	[sore ini]
amanhã à noite	**besok malam**	[beso' malam]
às três horas em ponto	**pukul 3 tepat**	[pukul tiga tepat]
por volta das quatro	**sekitar pukul 4**	[sekitar pukul empat]
às doze	**pada pukul 12**	[pada pukul belas]
em vinte minutos	**dalam 20 menit**	[dalam dua puluh menit]
em uma hora	**dalam satu jam**	[dalam satu dʒʲam]
a tempo	**tepat waktu**	[tepat waktu]
… um quarto para	**… kurang seperempat**	[… kuraŋ seperempat]
dentro de uma hora	**selama sejam**	[selama sedʒʲam]
a cada quinze minutos	**tiap 15 menit**	[tiap lima belas menit]
as vinte e quatro horas	**siang-malam**	[siaŋ-malam]

21. Meses. Estações

janeiro (m)	**Januari**	[dʒʲanuari]
fevereiro (m)	**Februari**	[februari]
março (m)	**Maret**	[maret]
abril (m)	**April**	[april]
maio (m)	**Mei**	[mei]
junho (m)	**Juni**	[dʒʲuni]
julho (m)	**Juli**	[dʒʲuli]
agosto (m)	**Augustus**	[augustus]
setembro (m)	**September**	[september]
outubro (m)	**Oktober**	[oktober]

novembro (m)	**November**	[november]
dezembro (m)	**Desember**	[desember]
primavera (f)	**musim semi**	[musim semi]
na primavera	**pada musim semi**	[pada musim semi]
primaveril (adj)	**musim semi**	[musim semi]
verão (m)	**musim panas**	[musim panas]
no verão	**pada musim panas**	[pada musim panas]
de verão	**musim panas**	[musim panas]
outono (m)	**musim gugur**	[musim gugur]
no outono	**pada musim gugur**	[pada musim gugur]
outonal (adj)	**musim gugur**	[musim gugur]
inverno (m)	**musim dingin**	[musim diŋin]
no inverno	**pada musim dingin**	[pada musim diŋin]
de inverno	**musim dingin**	[musim diŋin]
mês (m)	**bulan**	[bulan]
este mês	**bulan ini**	[bulan ini]
mês que vem	**bulan depan**	[bulan depan]
no mês passado	**bulan lalu**	[bulan lalu]
um mês atrás	**sebulan lalu**	[sebulan lalu]
em um mês	**dalam satu bulan**	[dalam satu bulan]
em dois meses	**dalam 2 bulan**	[dalam dua bulan]
todo o mês	**sepanjang bulan**	[sepandʒiaŋ bulan]
um mês inteiro	**sebulan penuh**	[sebulan penuh]
mensal (adj)	**bulanan**	[bulanan]
mensalmente	**tiap bulan**	[tiap bulan]
todo mês	**tiap bulan**	[tiap bulan]
duas vezes por mês	**dua kali sebulan**	[dua kali sebulan]
ano (m)	**tahun**	[tahun]
este ano	**tahun ini**	[tahun ini]
ano que vem	**tahun depan**	[tahun depan]
no ano passado	**tahun lalu**	[tahun lalu]
há um ano	**setahun lalu**	[setahun lalu]
em um ano	**dalam satu tahun**	[dalam satu tahun]
dentro de dois anos	**dalam 2 tahun**	[dalam dua tahun]
todo o ano	**sepanjang tahun**	[sepandʒiaŋ tahun]
um ano inteiro	**setahun penuh**	[setahun penuh]
cada ano	**tiap tahun**	[tiap tahun]
anual (adj)	**tahunan**	[tahunan]
anualmente	**tiap tahun**	[tiap tahun]
quatro vezes por ano	**empat kali setahun**	[empat kali setahun]
data (~ de hoje)	**tanggal**	[taŋgal]
data (ex. ~ de nascimento)	**tanggal**	[taŋgal]
calendário (m)	**kalender**	[kalender]
meio ano	**setengah tahun**	[seteŋah tahun]
seis meses	**enam bulan**	[enam bulan]

| estação (f) | musim | [musim] |
| século (m) | abad | [abad] |

22. Unidades de medida

peso (m)	berat	[berat]
comprimento (m)	panjang	[pandʒian]
largura (f)	lebar	[lebar]
altura (f)	ketinggian	[ketiŋgian]
profundidade (f)	kedalaman	[kedalaman]
volume (m)	volume, isi	[volume], [isi]
área (f)	luas	[luas]

grama (m)	gram	[gram]
miligrama (m)	miligram	[miligram]
quilograma (m)	kilogram	[kilogram]
tonelada (f)	ton	[ton]
libra (453,6 gramas)	pon	[pon]
onça (f)	ons	[ons]

metro (m)	meter	[meter]
milímetro (m)	milimeter	[milimeter]
centímetro (m)	sentimeter	[sentimeter]
quilômetro (m)	kilometer	[kilometer]
milha (f)	mil	[mil]

polegada (f)	inci	[intʃi]
pé (304,74 mm)	kaki	[kaki]
jarda (914,383 mm)	yard	[yard]

| metro (m) quadrado | meter persegi | [meter pərsegi] |
| hectare (m) | hektar | [hektar] |

litro (m)	liter	[liter]
grau (m)	derajat	[deradʒiat]
volt (m)	volt	[volt]
ampère (m)	ampere	[ampere]
cavalo (m) de potência	tenaga kuda	[tenaga kuda]

quantidade (f)	kuantitas	[kuantitas]
um pouco de ...	sedikit ...	[sedikit ...]
metade (f)	setengah	[setəŋah]

| dúzia (f) | lusin | [lusin] |
| peça (f) | buah | [buah] |

| tamanho (m), dimensão (f) | ukuran | [ukuran] |
| escala (f) | skala | [skala] |

mínimo (adj)	minimal	[minimal]
menor, mais pequeno	terkecil	[tərketʃil]
médio (adj)	sedang	[sedaŋ]
máximo (adj)	maksimal	[maksimal]
maior, mais grande	terbesar	[tərbesar]

23. Recipientes

pote (m) de vidro	gelas	[gelas]
lata (~ de cerveja)	kaleng	[kaleŋ]
balde (m)	ember	[ember]
barril (m)	tong	[toŋ]
bacia (~ de plástico)	baskom	[baskom]
tanque (m)	tangki	[taŋki]
cantil (m) de bolso	pelples	[pelples]
galão (m) de gasolina	jeriken	[dʒˈeriken]
cisterna (f)	tangki	[taŋki]
caneca (f)	mangkuk	[maŋkuʔ]
xícara (f)	cangkir	[tʃaŋkir]
pires (m)	alas cangkir	[alas tʃaŋkir]
copo (m)	gelas	[gelas]
taça (f) de vinho	gelas anggur	[gelas aŋgur]
panela (f)	panci	[pantʃi]
garrafa (f)	botol	[botol]
gargalo (m)	leher	[leher]
jarra (f)	karaf	[karaf]
jarro (m)	kendi	[kendi]
recipiente (m)	wadah	[wadah]
pote (m)	pot	[pot]
vaso (m)	vas	[vas]
frasco (~ de perfume)	botol	[botol]
frasquinho (m)	botol kecil	[botol ketʃil]
tubo (m)	tabung	[tabuŋ]
saco (ex. ~ de açúcar)	karung	[karuŋ]
sacola (~ plastica)	kantong	[kantoŋ]
maço (de cigarros, etc.)	bungkus	[buŋkus]
caixa (~ de sapatos, etc.)	kotak, kardus	[kotak], [kardus]
caixote (~ de madeira)	kotak	[kotaʔ]
cesto (m)	bakul	[bakul]

O SER HUMANO

O ser humano. O corpo

24. Cabeça

cabeça (f)	kepala	[kepala]
rosto, cara (f)	wajah	[wadʒiah]
nariz (m)	hidung	[hiduŋ]
boca (f)	mulut	[mulut]
olho (m)	mata	[mata]
olhos (m pl)	mata	[mata]
pupila (f)	pupil, biji mata	[pupil], [bidʒi mata]
sobrancelha (f)	alis	[alis]
cílio (f)	bulu mata	[bulu mata]
pálpebra (f)	kelopak mata	[kelopa' mata]
língua (f)	lidah	[lidah]
dente (m)	gigi	[gigi]
lábios (m pl)	bibir	[bibir]
maçãs (f pl) do rosto	tulang pipi	[tulaŋ pipi]
gengiva (f)	gusi	[gusi]
palato (m)	langit-langit mulut	[laŋit-laŋit mulut]
narinas (f pl)	lubang hidung	[lubaŋ hiduŋ]
queixo (m)	dagu	[dagu]
mandíbula (f)	rahang	[rahaŋ]
bochecha (f)	pipi	[pipi]
testa (f)	dahi	[dahi]
têmpora (f)	pelipis	[pelipis]
orelha (f)	telinga	[teliŋa]
costas (f pl) da cabeça	tengkuk	[teŋku']
pescoço (m)	leher	[leher]
garganta (f)	tenggorok	[teŋgoro']
cabelo (m)	rambut	[rambut]
penteado (m)	tatanan rambut	[tatanan rambut]
corte (m) de cabelo	potongan rambut	[potoŋan rambut]
peruca (f)	wig, rambut palsu	[wig], [rambut palsu]
bigode (m)	kumis	[kumis]
barba (f)	janggut	[dʒiaŋgut]
ter (~ barba, etc.)	memelihara	[memelihara]
trança (f)	kepang	[kepaŋ]
suíças (f pl)	brewok	[brewo']
ruivo (adj)	merah pirang	[merah piraŋ]
grisalho (adj)	beruban	[bəruban]

| careca (adj) | botak, plontos | [botak], [plontos] |
| calva (f) | botak | [botaʔ] |

| rabo-de-cavalo (m) | ekor kuda | [ekor kuda] |
| franja (f) | poni rambut | [poni rambut] |

25. Corpo humano

| mão (f) | tangan | [taŋan] |
| braço (m) | lengan | [leŋan] |

dedo (m)	jari	[dʒˈari]
dedo (m) do pé	jari	[dʒˈari]
polegar (m)	jempol	[dʒˈempol]
dedo (m) mindinho	jari kelingking	[dʒˈari keliŋkiŋ]
unha (f)	kuku	[kuku]

punho (m)	kepalan tangan	[kepalan taŋan]
palma (f)	telapak	[telapaʔ]
pulso (m)	pergelangan	[pərgelaŋan]
antebraço (m)	lengan bawah	[leŋan bawah]
cotovelo (m)	siku	[siku]
ombro (m)	bahu	[bahu]

perna (f)	kaki	[kaki]
pé (m)	telapak kaki	[telapaʔ kaki]
joelho (m)	lutut	[lutut]
panturrilha (f)	betis	[betis]
quadril (m)	paha	[paha]
calcanhar (m)	tumit	[tumit]

corpo (m)	tubuh	[tubuh]
barriga (f), ventre (m)	perut	[perut]
peito (m)	dada	[dada]
seio (m)	payudara	[pajudara]
lado (m)	rusuk	[rusuʔ]
costas (dorso)	punggung	[puŋguŋ]
região (f) lombar	pinggang bawah	[piŋgan bawah]
cintura (f)	pinggang	[piŋgan]

umbigo (m)	pusar	[pusar]
nádegas (f pl)	pantat	[pantat]
traseiro (m)	pantat	[pantat]

sinal (m), pinta (f)	tanda lahir	[tanda lahir]
sinal (m) de nascença	tanda lahir	[tanda lahir]
tatuagem (f)	tato	[tato]
cicatriz (f)	parut luka	[parut luka]

Vestuário & Acessórios

26. Roupa exterior. Casacos

roupa (f)	pakaian	[pakajan]
roupa (f) exterior	pakaian luar	[pakajan luar]
roupa (f) de inverno	pakaian musim dingin	[pakajan musim diɲin]
sobretudo (m)	mantel	[mantel]
casaco (m) de pele	mantel bulu	[mantel bulu]
jaqueta (f) de pele	jaket bulu	[dʒʲaket bulu]
casaco (m) acolchoado	jaket bulu halus	[dʒʲaket bulu halus]
casaco (m), jaqueta (f)	jaket	[dʒʲaket]
impermeável (m)	jas hujan	[dʒʲas hudʒʲan]
a prova d'água	kedap air	[kedap air]

27. Vestuário de homem & mulher

camisa (f)	kemeja	[kemedʒʲa]
calça (f)	celana	[tʃelana]
jeans (m)	celana jins	[tʃelana dʒins]
paletó, terno (m)	jas	[dʒʲas]
terno (m)	setelan	[setelan]
vestido (ex. ~ de noiva)	gaun	[gaun]
saia (f)	rok	[roʔ]
blusa (f)	blus	[blus]
casaco (m) de malha	jaket wol	[dʒʲaket wol]
casaco, blazer (m)	jaket	[dʒʲaket]
camiseta (f)	baju kaus	[badʒʲu kaus]
short (m)	celana pendek	[tʃelana pendeʔ]
training (m)	pakaian olahraga	[pakajan olahraga]
roupão (m) de banho	jubah mandi	[dʒʲubah mandi]
pijama (m)	piyama	[piyama]
suéter (m)	sweter	[sweter]
pulôver (m)	pulover	[pulover]
colete (m)	rompi	[rompi]
fraque (m)	jas berbuntut	[dʒʲas bərbuntut]
smoking (m)	jas malam	[dʒʲas malam]
uniforme (m)	seragam	[seragam]
roupa (f) de trabalho	pakaian kerja	[pakajan kerdʒʲa]
macacão (m)	baju monyet	[badʒʲu monjet]
jaleco (m), bata (f)	jas	[dʒʲas]

28. Vestuário. Roupa interior

roupa (f) íntima	pakaian dalam	[pakajan dalam]
cueca boxer (f)	celana dalam lelaki	[ʧelana dalam lelaki]
calcinha (f)	celana dalam wanita	[ʧelana dalam wanita]
camiseta (f)	singlet	[siŋlet]
meias (f pl)	kaus kaki	[kaus kaki]
camisola (f)	baju tidur	[baʤʲu tidur]
sutiã (m)	beha	[beha]
meias longas (f pl)	kaus kaki selutut	[kaus kaki selutut]
meias-calças (f pl)	pantihos	[pantihos]
meias (~ de nylon)	kaus kaki panjang	[kaus kaki panʤʲaŋ]
maiô (m)	baju renang	[baʤʲu renaŋ]

29. Adereços de cabeça

chapéu (m), touca (f)	topi	[topi]
chapéu (m) de feltro	topi bulat	[topi bulat]
boné (m) de beisebol	topi bisbol	[topi bisbol]
boina (~ italiana)	topi pet	[topi pet]
boina (ex. ~ basca)	baret	[baret]
capuz (m)	kerudung kepala	[keruduŋ kepala]
chapéu panamá (m)	topi panama	[topi panama]
touca (f)	topi rajut	[topi raʤʲut]
lenço (m)	tudung kepala	[tuduŋ kepala]
chapéu (m) feminino	topi wanita	[topi wanita]
capacete (m) de proteção	topi baja	[topi baʤʲa]
bibico (m)	topi lipat	[topi lipat]
capacete (m)	helm	[helm]
chapéu-coco (m)	topi bulat	[topi bulat]
cartola (f)	topi tinggi	[topi tiŋgi]

30. Calçado

calçado (m)	sepatu	[sepatu]
botinas (f pl), sapatos (m pl)	sepatu bot	[sepatu bot]
sapatos (de salto alto, etc.)	sepatu wanita	[sepatu wanita]
botas (f pl)	sepatu lars	[sepatu lars]
pantufas (f pl)	pantofel	[pantofel]
tênis (~ Nike, etc.)	sepatu tenis	[sepatu tenis]
tênis (~ Converse)	sepatu kets	[sepatu kets]
sandálias (f pl)	sandal	[sandal]
sapateiro (m)	tukang sepatu	[tukaŋ sepatu]
salto (m)	tumit	[tumit]

par (m)	sepasang	[sepasaŋ]
cadarço (m)	tali sepatu	[tali sepatu]
amarrar os cadarços	mengikat tali	[məŋikat tali]
calçadeira (f)	sendok sepatu	[sendoꞌ sepatu]
graxa (f) para calçado	semir sepatu	[semir sepatu]

31. Acessórios pessoais

luva (f)	sarung tangan	[saruŋ taŋan]
mitenes (f pl)	sarung tangan	[saruŋ taŋan]
cachecol (m)	selendang	[selendaŋ]

óculos (m pl)	kacamata	[katʃamata]
armação (f)	bingkai	[biŋkaj]
guarda-chuva (m)	payung	[pajuŋ]
bengala (f)	tongkat jalan	[toŋkat dʒ'alan]
escova (f) para o cabelo	sikat rambut	[sikat rambut]
leque (m)	kipas	[kipas]

gravata (f)	dasi	[dasi]
gravata-borboleta (f)	dasi kupu-kupu	[dasi kupu-kupu]
suspensórios (m pl)	bretel	[bretel]
lenço (m)	sapu tangan	[sapu taŋan]

pente (m)	sisir	[sisir]
fivela (f) para cabelo	jepit rambut	[dʒ'epit rambut]
grampo (m)	harnal	[harnal]
fivela (f)	gesper	[gesper]

| cinto (m) | sabuk | [sabuꞌ] |
| alça (f) de ombro | tali tas | [tali tas] |

bolsa (f)	tas	[tas]
bolsa (feminina)	tas tangan	[tas taŋan]
mochila (f)	ransel	[ransel]

32. Vestuário. Diversos

moda (f)	mode	[mode]
na moda (adj)	modis	[modis]
estilista (m)	perancang busana	[pərantʃaŋ busana]

colarinho (m)	kerah	[kerah]
bolso (m)	saku	[saku]
de bolso	saku	[saku]
manga (f)	lengan	[leŋan]
ganchinho (m)	tali kait	[tali kait]
bragueta (f)	golbi	[golbi]

zíper (m)	ritsleting	[ritsletiŋ]
colchete (m)	kancing	[kantʃiŋ]
botão (m)	kancing	[kantʃiŋ]

33

| botoeira (casa de botão) | lubang kancing | [lubaŋ kantʃiŋ] |
| soltar-se (vr) | terlepas | [tɔrlepas] |

costurar (vi)	menjahit	[mǝndʒiahit]
bordar (vt)	membordir	[membordir]
bordado (m)	bordiran	[bordiran]
agulha (f)	jarum	[dʒiarum]
fio, linha (f)	benang	[benaŋ]
costura (f)	setik	[setiʔ]

sujar-se (vr)	kena kotor	[kena kotor]
mancha (f)	bercak	[bertʃaʔ]
amarrotar-se (vr)	kumal	[kumal]
rasgar (vt)	merobek	[merobeʔ]
traça (f)	ngengat	[ŋeŋat]

33. Cuidados pessoais. Cosméticos

pasta (f) de dente	pasta gigi	[pasta gigi]
escova (f) de dente	sikat gigi	[sikat gigi]
escovar os dentes	menggosok gigi	[mǝŋgosoʔ gigi]

gilete (f)	pisau cukur	[pisau tʃukur]
creme (m) de barbear	krim cukur	[krim tʃukur]
barbear-se (vr)	bercukur	[bǝrtʃukur]

| sabonete (m) | sabun | [sabun] |
| xampu (m) | sampo | [sampo] |

tesoura (f)	gunting	[guntiŋ]
lixa (f) de unhas	kikir kuku	[kikir kuku]
corta-unhas (m)	pemotong kuku	[pemotoŋ kuku]
pinça (f)	pinset	[pinset]

cosméticos (m pl)	kosmetik	[kosmetiʔ]
máscara (f)	masker	[masker]
manicure (f)	manikur	[manikur]
fazer as unhas	melakukan manikur	[melakukan manikur]
pedicure (f)	pedi	[pedi]

bolsa (f) de maquiagem	tas kosmetik	[tas kosmetiʔ]
pó (de arroz)	bedak	[bedaʔ]
pó (m) compacto	kotak bedak	[kotaʔ bedaʔ]
blush (m)	perona pipi	[pǝrona pipi]

perfume (m)	parfum	[parfum]
água-de-colônia (f)	minyak wangi	[minjaʔ waŋi]
loção (f)	losion	[losjon]
colônia (f)	kolonye	[kolone]

sombra (f) de olhos	pewarna mata	[pewarna mata]
delineador (m)	pensil alis	[pensil alis]
máscara (f), rímel (m)	celak	[tʃela ʔ]
batom (m)	lipstik	[lipstiʔ]

esmalte (m)	kuteks, cat kuku	[kuteks], [ʧat kuku]
laquê (m), spray fixador (m)	semprotan rambut	[semprotan rambut]
desodorante (m)	deodoran	[deodoran]

creme (m)	krim	[krim]
creme (m) de rosto	krim wajah	[krim wadʒʲah]
creme (m) de mãos	krim tangan	[krim taŋan]
creme (m) antirrugas	krim antikerut	[krim antikerut]
creme (m) de dia	krim siang	[krim siaŋ]
creme (m) de noite	krim malam	[krim malam]
de dia	siang	[siaŋ]
da noite	malam	[malam]

absorvente (m) interno	tampon	[tampon]
papel (m) higiênico	kertas toilet	[kertas toylet]
secador (m) de cabelo	pengering rambut	[peŋeriŋ rambut]

34. Relógios de pulso. Relógios

relógio (m) de pulso	arloji	[arlodʒi]
mostrador (m)	piringan jam	[piriŋan dʒʲam]
ponteiro (m)	jarum	[dʒʲarum]
bracelete (em aço)	rantai arloji	[rantaj arlodʒi]
bracelete (em couro)	tali arloji	[tali arlodʒi]

pilha (f)	baterai	[bateraj]
acabar (vi)	mati	[mati]
trocar a pilha	mengganti baterai	[məŋganti bateraj]
estar adiantado	cepat	[ʧepat]
estar atrasado	terlambat	[tərlambat]

relógio (m) de parede	jam dinding	[dʒʲam dindiŋ]
ampulheta (f)	jam pasir	[dʒʲam pasir]
relógio (m) de sol	jam matahari	[dʒʲam matahari]
despertador (m)	weker	[weker]
relojoeiro (m)	tukang jam	[tukaŋ dʒʲam]
reparar (vt)	mereparasi, memperbaiki	[mereparasi], [memperbajki]

Alimentação. Nutrição

35. Comida

carne (f)	daging	[dagiŋ]
galinha (f)	ayam	[ajam]
frango (m)	anak ayam	[ana' ajam]
pato (m)	bebek	[bebe']
ganso (m)	angsa	[aŋsa]
caça (f)	binatang buruan	[binataŋ buruan]
peru (m)	kalkun	[kalkun]
carne (f) de porco	daging babi	[dagiŋ babi]
carne (f) de vitela	daging anak sapi	[dagiŋ ana' sapi]
carne (f) de carneiro	daging domba	[dagiŋ domba]
carne (f) de vaca	daging sapi	[dagiŋ sapi]
carne (f) de coelho	kelinci	[kelintʃi]
linguiça (f), salsichão (m)	sosis	[sosis]
salsicha (f)	sosis	[sosis]
bacon (m)	bakon	[beykon]
presunto (m)	ham, daging kornet	[ham], [dagiŋ kornet]
pernil (m) de porco	ham	[ham]
patê (m)	pasta	[pasta]
fígado (m)	hati	[hati]
guisado (m)	daging giling	[dagiŋ giliŋ]
língua (f)	lidah	[lidah]
ovo (m)	telur	[telur]
ovos (m pl)	telur	[telur]
clara (f) de ovo	putih telur	[putih telur]
gema (f) de ovo	kuning telur	[kuniŋ telur]
peixe (m)	ikan	[ikan]
mariscos (m pl)	makanan laut	[makanan laut]
crustáceos (m pl)	krustasea	[krustasea]
caviar (m)	caviar	[kaviar]
caranguejo (m)	kepiting	[kepitiŋ]
camarão (m)	udang	[udaŋ]
ostra (f)	tiram	[tiram]
lagosta (f)	lobster berduri	[lobster berduri]
polvo (m)	gurita	[gurita]
lula (f)	cumi-cumi	[tʃumi-tʃumi]
esturjão (m)	ikan sturgeon	[ikan sturdʒien]
salmão (m)	salmon	[salmon]
halibute (m)	ikan turbot	[ikan turbot]
bacalhau (m)	ikan kod	[ikan kod]

cavala, sarda (f)	ikan kembung	[ikan kembuŋ]
atum (m)	tuna	[tuna]
enguia (f)	belut	[belut]

truta (f)	ikan forel	[ikan forel]
sardinha (f)	sarden	[sarden]
lúcio (m)	ikan pike	[ikan paik]
arenque (m)	ikan haring	[ikan hariŋ]

pão (m)	roti	[roti]
queijo (m)	keju	[kedʒ'u]
açúcar (m)	gula	[gula]
sal (m)	garam	[garam]

arroz (m)	beras, nasi	[beras], [nasi]
massas (f pl)	makaroni	[makaroni]
talharim, miojo (m)	mi	[mi]

manteiga (f)	mentega	[məntega]
óleo (m) vegetal	minyak nabati	[minjaʔ nabati]
óleo (m) de girassol	minyak bunga matahari	[minjaʔ buŋa matahari]
margarina (f)	margarin	[margarin]

| azeitonas (f pl) | buah zaitun | [buah zajtun] |
| azeite (m) | minyak zaitun | [minjaʔ zajtun] |

leite (m)	susu	[susu]
leite (m) condensado	susu kental	[susu kental]
iogurte (m)	yogurt	[yogurt]
creme (m) azedo	krim asam	[krim asam]
creme (m) de leite	krim, kepala susu	[krim], [kepala susu]

| maionese (f) | mayones | [majones] |
| creme (m) | krim | [krim] |

grãos (m pl) de cereais	menir	[menir]
farinha (f)	tepung	[tepuŋ]
enlatados (m pl)	makanan kalengan	[makanan kaleŋan]

flocos (m pl) de milho	emping jagung	[empiŋ dʒ'aguŋ]
mel (m)	madu	[madu]
geleia (m)	selai	[selaj]
chiclete (m)	permen karet	[pərmen karet]

36. Bebidas

água (f)	air	[air]
água (f) potável	air minum	[air minum]
água (f) mineral	air mineral	[air mineral]

sem gás (adj)	tanpa gas	[tanpa gas]
gaseificada (adj)	berkarbonasi	[bərkarbonasi]
com gás	bergas	[bərgas]
gelo (m)	es	[es]

com gelo	dengan es	[deŋan es]
não alcoólico (adj)	tanpa alkohol	[tanpa alkohol]
refrigerante (m)	minuman ringan	[minuman riŋan]
refresco (m)	minuman penygar	[minuman penigar]
limonada (f)	limun	[limun]
bebidas (f pl) alcoólicas	minoman beralkohol	[minoman beralkohol]
vinho (m)	anggur	[aŋgur]
vinho (m) branco	anggur putih	[aŋgur putih]
vinho (m) tinto	anggur merah	[aŋgur merah]
licor (m)	likeur	[likeur]
champanhe (m)	sampanye	[sampanje]
vermute (m)	vermouth	[vermut]
uísque (m)	wiski	[wiski]
vodca (f)	vodka	[vodka]
gim (m)	jin, jenewer	[dʒin], [dʒʲenewer]
conhaque (m)	konyak	[konjaʔ]
rum (m)	rum	[rum]
café (m)	kopi	[kopi]
café (m) preto	kopi pahit	[kopi pahit]
café (m) com leite	kopi susu	[kopi susu]
cappuccino (m)	cappuccino	[kaputʃino]
café (m) solúvel	kopi instan	[kopi instan]
leite (m)	susu	[susu]
coquetel (m)	koktail	[koktajl]
batida (f), milkshake (m)	susu kocok	[susu kotʃoʔ]
suco (m)	jus	[dʒʲus]
suco (m) de tomate	jus tomat	[dʒʲus tomat]
suco (m) de laranja	jus jeruk	[dʒʲus dʒʲeruʔ]
suco (m) fresco	jus peras	[dʒʲus peras]
cerveja (f)	bir	[bir]
cerveja (f) clara	bir putih	[bir putih]
cerveja (f) preta	bir hitam	[bir hitam]
chá (m)	teh	[teh]
chá (m) preto	teh hitam	[teh hitam]
chá (m) verde	teh hijau	[teh hidʒʲau]

37. Vegetais

vegetais (m pl)	sayuran	[sajuran]
verdura (f)	sayuran hijau	[sajuran hidʒʲau]
tomate (m)	tomat	[tomat]
pepino (m)	mentimun, ketimun	[mentimun], [ketimun]
cenoura (f)	wortel	[wortel]
batata (f)	kentang	[kentaŋ]
cebola (f)	bawang	[bawaŋ]

alho (m)	bawang putih	[bawaŋ putih]
couve (f)	kol	[kol]
couve-flor (f)	kembang kol	[kembaŋ kol]
couve-de-bruxelas (f)	kol Brussels	[kol brusels]
brócolis (m pl)	brokoli	[brokoli]

beterraba (f)	ubi bit merah	[ubi bit merah]
berinjela (f)	terung, terong	[teruŋ], [teroŋ]
abobrinha (f)	labu siam	[labu siam]
abóbora (f)	labu	[labu]
nabo (m)	turnip	[turnip]

salsa (f)	peterseli	[peterseli]
endro, aneto (m)	adas sowa	[adas sowa]
alface (f)	selada	[selada]
aipo (m)	seledri	[seledri]
aspargo (m)	asparagus	[asparagus]
espinafre (m)	bayam	[bajam]

ervilha (f)	kacang polong	[katʃaŋ poloŋ]
feijão (~ soja, etc.)	kacang-kacangan	[katʃaŋ-katʃaŋan]
milho (m)	jagung	[dʒʲaguŋ]
feijão (m) roxo	kacang buncis	[katʃaŋ buntʃis]

pimentão (m)	cabai	[tʃabaj]
rabanete (m)	radis	[radis]
alcachofra (f)	artisyok	[artiʃoʔ]

38. Frutos. Nozes

fruta (f)	buah	[buah]
maçã (f)	apel	[apel]
pera (f)	pir	[pir]
limão (m)	jeruk sitrun	[dʒʲeruʔ sitrun]
laranja (f)	jeruk manis	[dʒʲeruʔ manis]
morango (m)	stroberi	[stroberi]

tangerina (f)	jeruk mandarin	[dʒʲeruʔ mandarin]
ameixa (f)	plum	[plum]
pêssego (m)	persik	[persiʔ]
damasco (m)	aprikot	[aprikot]
framboesa (f)	buah frambus	[buah frambus]
abacaxi (m)	nanas	[nanas]

banana (f)	pisang	[pisaŋ]
melancia (f)	semangka	[semaŋka]
uva (f)	buah anggur	[buah aŋgur]
ginja (f)	buah ceri asam	[buah tʃeri asam]
cereja (f)	buah ceri manis	[buah tʃeri manis]
melão (m)	melon	[melon]

toranja (f)	jeruk Bali	[dʒʲeruʔ bali]
abacate (m)	avokad	[avokad]
mamão (m)	pepaya	[pepaja]

manga (f)	**mangga**	[maŋga]
romã (f)	**buah delima**	[buah delima]

groselha (f) vermelha	**redcurrant**	[redkaren]
groselha (f) negra	**blackcurrant**	[bleˀkaren]
groselha (f) espinhosa	**buah arbei hijau**	[buah arbei hiʤⁱau]
mirtilo (m)	**buah bilberi**	[buah bilberi]
amora (f) silvestre	**beri hitam**	[beri hitam]

passa (f)	**kismis**	[kismis]
figo (m)	**buah ara**	[buah ara]
tâmara (f)	**buah kurma**	[buah kurma]

amendoim (m)	**kacang tanah**	[katʃaŋ tanah]
amêndoa (f)	**badam**	[badam]
noz (f)	**buah walnut**	[buah walnut]
avelã (f)	**kacang hazel**	[katʃaŋ hazel]
coco (m)	**buah kelapa**	[buah kelapa]
pistaches (m pl)	**badam hijau**	[badam hiʤⁱau]

39. Pão. Bolaria

pastelaria (f)	**kue-mue**	[kue-mue]
pão (m)	**roti**	[roti]
biscoito (m), bolacha (f)	**biskuit**	[biskuit]

chocolate (m)	**cokelat**	[tʃokelat]
de chocolate	**cokelat**	[tʃokelat]
bala (f)	**permen**	[pərmen]
doce (bolo pequeno)	**kue**	[kue]
bolo (m) de aniversário	**kue tar**	[kue tar]

torta (f)	**pai**	[pai]
recheio (m)	**inti**	[inti]

geleia (m)	**selai buah utuh**	[selaj buah utuh]
marmelada (f)	**marmelade**	[marmelade]
wafers (m pl)	**wafel**	[wafel]
sorvete (m)	**es krim**	[es krim]
pudim (m)	**puding**	[pudiŋ]

40. Pratos cozinhados

prato (m)	**masakan, hidangan**	[masakan], [hidaŋan]
cozinha (~ portuguesa)	**masakan**	[masakan]
receita (f)	**resep**	[resep]
porção (f)	**porsi**	[porsi]

salada (f)	**salada**	[salada]
sopa (f)	**sup**	[sup]
caldo (m)	**kaldu**	[kaldu]
sanduíche (m)	**roti lapis**	[roti lapis]

ovos (m pl) fritos	telur mata sapi	[telur mata sapi]
hambúrguer (m)	hamburger	[hamburger]
bife (m)	bistik	[bisti']

acompanhamento (m)	lauk	[lau']
espaguete (m)	spageti	[spageti]
purê (m) de batata	kentang tumbuk	[kentaŋ tumbu']
pizza (f)	piza	[piza]
mingau (m)	bubur	[bubur]
omelete (f)	telur dadar	[telur dadar]

fervido (adj)	rebus	[rebus]
defumado (adj)	asap	[asap]
frito (adj)	goreng	[goreŋ]
seco (adj)	kering	[keriŋ]
congelado (adj)	beku	[beku]
em conserva (adj)	marinade	[marinade]

doce (adj)	manis	[manis]
salgado (adj)	asin	[asin]
frio (adj)	dingin	[diŋin]
quente (adj)	panas	[panas]
amargo (adj)	pahit	[pahit]
gostoso (adj)	enak	[ena']

cozinhar em água fervente	merebus	[merebus]
preparar (vt)	memasak	[memasa']
fritar (vt)	menggoreng	[məŋgoreŋ]
aquecer (vt)	memanaskan	[memanaskan]

salgar (vt)	menggarami	[məŋgarami]
apimentar (vt)	membubuh merica	[membubuh meritʃa]
ralar (vt)	memarut	[memarut]
casca (f)	kulit	[kulit]
descascar (vt)	mengupas	[məŋupas]

41. Especiarias

sal (m)	garam	[garam]
salgado (adj)	asin	[asin]
salgar (vt)	menggarami	[məŋgarami]

pimenta-do-reino (f)	merica	[meritʃa]
pimenta (f) vermelha	cabai merah	[tʃabaj merah]
mostarda (f)	mustar	[mustar]
raiz-forte (f)	lobak pedas	[loba' pedas]

condimento (m)	bumbu	[bumbu]
especiaria (f)	rempah-rempah	[rempah-rempah]
molho (~ inglês)	saus	[saus]
vinagre (m)	cuka	[tʃuka]

| anis estrelado (m) | adas manis | [adas manis] |
| manjericão (m) | selasih | [selasih] |

cravo (m)	cengkih	[ʧeŋkih]
gengibre (m)	jahe	[dʒʲahe]
coentro (m)	ketumbar	[ketumbar]
canela (f)	kayu manis	[kaju manis]

gergelim (m)	wijen	[widʒʲen]
folha (f) de louro	daun salam	[daun salam]
páprica (f)	cabai	[ʧabaj]
cominho (m)	jintan	[dʒintan]
açafrão (m)	kuma-kuma	[kuma-kuma]

42. Refeições

comida (f)	makanan	[makanan]
comer (vt)	makan	[makan]

café (m) da manhã	makan pagi, sarapan	[makan pagi], [sarapan]
tomar café da manhã	sarapan	[sarapan]
almoço (m)	makan siang	[makan siaŋ]
almoçar (vi)	makan siang	[makan siaŋ]
jantar (m)	makan malam	[makan malam]
jantar (vi)	makan malam	[makan malam]

apetite (m)	nafsu makan	[nafsu makan]
Bom apetite!	Selamat makan!	[selamat makan!]

abrir (~ uma lata, etc.)	membuka	[membuka]
derramar (~ líquido)	menumpahkan	[mǝnumpahkan]

ferver (vi)	mendidih	[mǝndidih]
ferver (vt)	mendidihkan	[mǝndidihkan]
fervido (adj)	masak	[masaʔ]

esfriar (vt)	mendinginkan	[mǝndiɲinkan]
esfriar-se (vr)	mendingin	[mǝndiɲin]

sabor, gosto (m)	rasa	[rasa]
fim (m) de boca	nuansa rasa	[nuansa rasa]

emagrecer (vi)	berdiet	[berdiet]
dieta (f)	diet, pola makan	[diet], [pola makan]
vitamina (f)	vitamin	[vitamin]
caloria (f)	kalori	[kalori]

vegetariano (m)	vegetarian	[vegetarian]
vegetariano (adj)	vegetarian	[vegetarian]

gorduras (f pl)	lemak	[lemaʔ]
proteínas (f pl)	protein	[protein]
carboidratos (m pl)	karbohidrat	[karbohidrat]

fatia (~ de limão, etc.)	irisan	[irisan]
pedaço (~ de bolo)	potongan	[potoŋan]
migalha (f), farelo (m)	remah	[remah]

43. Por a mesa

colher (f)	sendok	[sendo⁊]
faca (f)	pisau	[pisau]
garfo (m)	garpu	[garpu]
xícara (f)	cangkir	[ʧaŋkir]
prato (m)	piring	[piriŋ]
pires (m)	alas cangkir	[alas ʧaŋkir]
guardanapo (m)	serbet	[serbet]
palito (m)	tusuk gigi	[tusu⁊ gigi]

44. Restaurante

restaurante (m)	restoran	[restoran]
cafeteria (f)	warung kopi	[waruŋ kopi]
bar (m), cervejaria (f)	bar	[bar]
salão (m) de chá	warung teh	[waruŋ teh]
garçom (m)	pelayan lelaki	[pelajan lelaki]
garçonete (f)	pelayan perempuan	[pelajan pərempuan]
barman (m)	pelayan bar	[pelajan bar]
cardápio (m)	menu	[menu]
lista (f) de vinhos	daftar anggur	[daftar aŋgur]
reservar uma mesa	memesan meja	[memesan medʒʲa]
prato (m)	masakan, hidangan	[masakan], [hidaŋan]
pedir (vt)	memesan	[memesan]
fazer o pedido	memesan	[memesan]
aperitivo (m)	aperitif	[aperitif]
entrada (f)	makanan ringan	[makanan riŋan]
sobremesa (f)	hidangan penutup	[hidaŋan penutup]
conta (f)	bon	[bon]
pagar a conta	membayar bon	[membajar bon]
dar o troco	memberikan uang kembalian	[memberikan uaŋ kembalian]
gorjeta (f)	tip	[tip]

Família, parentes e amigos

45. Informação pessoal. Formulários

nome (m)	nama, nama depan	[nama], [nama depan]
sobrenome (m)	nama keluarga	[nama keluarga]
data (f) de nascimento	tanggal lahir	[taŋgal lahir]
local (m) de nascimento	tempat lahir	[tempat lahir]
nacionalidade (f)	kebangsaan	[kebaŋsa'an]
lugar (m) de residência	tempat tinggal	[tempat tiŋgal]
país (m)	negara, negeri	[negara], [negeri]
profissão (f)	profesi	[profesi]
sexo (m)	jenis kelamin	[dʒˡenis kelamin]
estatura (f)	tinggi badan	[tiŋgi badan]
peso (m)	berat	[berat]

46. Membros da família. Parentes

mãe (f)	ibu	[ibu]
pai (m)	ayah	[ajah]
filho (m)	anak lelaki	[ana' lelaki]
filha (f)	anak perempuan	[ana' pərempuan]
caçula (f)	anak perempuan bungsu	[ana' pərempuan buŋsu]
caçula (m)	anak lelaki bungsu	[ana' lelaki buŋsu]
filha (f) mais velha	anak perempuan sulung	[ana' pərempuan suluŋ]
filho (m) mais velho	anak lelaki sulung	[ana' lelaki suluŋ]
irmão (m)	saudara lelaki	[saudara lelaki]
irmão (m) mais velho	kakak lelaki	[kaka' lelaki]
irmão (m) mais novo	adik lelaki	[adi' lelaki]
irmã (f)	saudara perempuan	[saudara pərempuan]
irmã (f) mais velha	kakak perempuan	[kaka' pərempuan]
irmã (f) mais nova	adik perempuan	[adi' pərempuan]
primo (m)	sepupu lelaki	[sepupu lelaki]
prima (f)	sepupu perempuan	[sepupu pərempuan]
mamãe (f)	mama, ibu	[mama], [ibu]
papai (m)	papa, ayah	[papa], [ajah]
pais (pl)	orang tua	[oraŋ tua]
criança (f)	anak	[ana']
crianças (f pl)	anak-anak	[ana'-ana']
avó (f)	nenek	[nene']
avô (m)	kakek	[kake']

neto (m)	cucu laki-laki	[ʧuʧu laki-laki]
neta (f)	cucu perempuan	[ʧuʧu pərempuan]
netos (pl)	cucu	[ʧuʧu]
tio (m)	paman	[paman]
tia (f)	bibi	[bibi]
sobrinho (m)	keponakan laki-laki	[keponakan laki-laki]
sobrinha (f)	keponakan perempuan	[keponakan pərempuan]
sogra (f)	ibu mertua	[ibu mertua]
sogro (m)	ayah mertua	[ajah mertua]
genro (m)	menantu laki-laki	[mənantu laki-laki]
madrasta (f)	ibu tiri	[ibu tiri]
padrasto (m)	ayah tiri	[ajah tiri]
criança (f) de colo	bayi	[baji]
bebê (m)	bayi	[baji]
menino (m)	bocah cilik	[boʧah ʧili']
mulher (f)	istri	[istri]
marido (m)	suami	[suami]
esposo (m)	suami	[suami]
esposa (f)	istri	[istri]
casado (adj)	menikah, beristri	[mənikah], [bəristri]
casada (adj)	menikah, bersuami	[mənikah], [bərsuami]
solteiro (adj)	bujang	[budʒ'aŋ]
solteirão (m)	bujang	[budʒ'aŋ]
divorciado (adj)	bercerai	[bərʧeraj]
viúva (f)	janda	[dʒ'anda]
viúvo (m)	duda	[duda]
parente (m)	kerabat	[kerabat]
parente (m) próximo	kerabat dekat	[kerabat dekat]
parente (m) distante	kerabat jauh	[kerabat dʒ'auh]
parentes (m pl)	kerabat, sanak saudara	[kerabat], [sana' saudara]
órfão (m), órfã (f)	yatim piatu	[yatim piatu]
tutor (m)	wali	[wali]
adotar (um filho)	mengadopsi	[məŋadopsi]
adotar (uma filha)	mengadopsi	[məŋadopsi]

Medicina

47. Doenças

doença (f)	penyakit	[penjakit]
estar doente	sakit	[sakit]
saúde (f)	kesehatan	[kesehatan]
nariz (m) escorrendo	hidung meler	[hiduŋ meler]
amigdalite (f)	radang tonsil	[radaŋ tonsil]
resfriado (m)	pilek, selesma	[pilek], [selesma]
ficar resfriado	masuk angin	[masu' aŋin]
bronquite (f)	bronkitis	[bronkitis]
pneumonia (f)	radang paru-paru	[radaŋ paru-paru]
gripe (f)	flu	[flu]
míope (adj)	rabun jauh	[rabun dʒˈauh]
presbita (adj)	rabun dekat	[rabun dekat]
estrabismo (m)	mata juling	[mata dʒˈuliŋ]
estrábico, vesgo (adj)	bermata juling	[bərmata dʒˈuliŋ]
catarata (f)	katarak	[katara']
glaucoma (m)	glaukoma	[glaukoma]
AVC (m), apoplexia (f)	stroke	[stroke]
ataque (m) cardíaco	infark	[infar']
enfarte (m) do miocárdio	serangan jantung	[seraŋan dʒˈantuŋ]
paralisia (f)	kelumpuhan	[kelumpuhan]
paralisar (vt)	melumpuhkan	[melumpuhkan]
alergia (f)	alergi	[alergi]
asma (f)	asma	[asma]
diabetes (f)	diabetes	[diabetes]
dor (f) de dente	sakit gigi	[sakit gigi]
cárie (f)	karies	[karies]
diarreia (f)	diare	[diare]
prisão (f) de ventre	konstipasi, sembelit	[konstipasi], [sembelit]
desarranjo (m) intestinal	gangguan pencernaan	[gaŋuan pentʃarna'an]
intoxicação (f) alimentar	keracunan makanan	[keratʃunan makanan]
intoxicar-se	keracunan makanan	[keratʃunan makanan]
artrite (f)	artritis	[artritis]
raquitismo (m)	rakitis	[rakitis]
reumatismo (m)	rematik	[remati']
arteriosclerose (f)	aterosklerosis	[aterosklerosis]
gastrite (f)	radang perut	[radaŋ pərut]
apendicite (f)	apendisitis	[apendisitis]

colecistite (f)	radang pundi empedu	[radaŋ pundi empedu]
úlcera (f)	tukak lambung	[tuka⁷ lambuŋ]
sarampo (m)	penyakit campak	[penjakit ʧampa⁷]
rubéola (f)	penyakit campak Jerman	[penjakit ʧampa⁷ ʤ'erman]
icterícia (f)	sakit kuning	[sakit kuniŋ]
hepatite (f)	hepatitis	[hepatitis]
esquizofrenia (f)	skizofrenia	[skizofrenia]
raiva (f)	rabies	[rabies]
neurose (f)	neurosis	[neurosis]
contusão (f) cerebral	gegar otak	[gegar ota⁷]
câncer (m)	kanker	[kanker]
esclerose (f)	sklerosis	[sklerosis]
esclerose (f) múltipla	sklerosis multipel	[sklerosis multipel]
alcoolismo (m)	alkoholisme	[alkoholisme]
alcoólico (m)	alkoholik	[alkoholi⁷]
sífilis (f)	sifilis	[sifilis]
AIDS (f)	AIDS	[ajds]
tumor (m)	tumor	[tumor]
maligno (adj)	ganas	[ganas]
benigno (adj)	jinak	[ʤina⁷]
febre (f)	demam	[demam]
malária (f)	malaria	[malaria]
gangrena (f)	gangren	[gaŋren]
enjoo (m)	mabuk laut	[mabu⁷ laut]
epilepsia (f)	epilepsi	[epilepsi]
epidemia (f)	epidemi	[epidemi]
tifo (m)	tifus	[tifus]
tuberculose (f)	tuberkulosis	[tuberkulosis]
cólera (f)	kolera	[kolera]
peste (f) bubônica	penyakit pes	[penjakit pes]

48. Sintomas. Tratamentos. Parte 1

sintoma (m)	gejala	[gedʒ'ala]
temperatura (f)	temperatur, suhu	[temperatur], [suhu]
febre (f)	temperatur tinggi	[temperatur tiŋgi]
pulso (m)	denyut nadi	[denyut nadi]
vertigem (f)	rasa pening	[rasa peniŋ]
quente (testa, etc.)	panas	[panas]
calafrio (m)	menggigil	[məŋgigil]
pálido (adj)	pucat	[puʧat]
tosse (f)	batuk	[batu⁷]
tossir (vi)	batuk	[batu⁷]
espirrar (vi)	bersin	[bersin]
desmaio (m)	pingsan	[piŋsan]

desmaiar (vi)	jatuh pingsan	[dʒʲatuh piŋsan]
mancha (f) preta	luka memar	[luka memar]
galo (m)	bengkak	[beŋkaʔ]
machucar-se (vr)	terantuk	[tərantuʔ]
contusão (f)	luka memar	[luka memar]
machucar-se (vr)	kena luka memar	[kena luka memar]

mancar (vi)	pincang	[pintʃaŋ]
deslocamento (f)	keseleo	[keseleo]
deslocar (vt)	keseleo	[keseleo]
fratura (f)	fraktura, patah tulang	[fraktura], [patah tulaŋ]
fraturar (vt)	patah tulang	[patah tulaŋ]

corte (m)	teriris	[təriris]
cortar-se (vr)	teriris	[təriris]
hemorragia (f)	perdarahan	[pərdarahan]

queimadura (f)	luka bakar	[luka bakar]
queimar-se (vr)	menderita luka bakar	[mənderita luka bakar]

picar (vt)	menusuk	[mənusuʔ]
picar-se (vr)	tertusuk	[tərtusuʔ]
lesionar (vt)	melukai	[melukaj]
lesão (m)	cedera	[tʃedera]
ferida (f), ferimento (m)	luka	[luka]
trauma (m)	trauma	[trauma]

delirar (vi)	mengigau	[məŋigau]
gaguejar (vi)	gagap	[gagap]
insolação (f)	sengatan matahari	[seŋatan matahari]

49. Sintomas. Tratamentos. Parte 2

dor (f)	sakit	[sakit]
farpa (no dedo, etc.)	selumbar	[selumbar]

suor (m)	keringat	[keriŋat]
suar (vi)	berkeringat	[bərkeriŋat]
vômito (m)	muntah	[muntah]
convulsões (f pl)	kram	[kram]

grávida (adj)	hamil	[hamil]
nascer (vi)	lahir	[lahir]
parto (m)	persalinan	[pərsalinan]
dar à luz	melahirkan	[melahirkan]
aborto (m)	aborsi	[aborsi]

respiração (f)	pernapasan	[pərnapasan]
inspiração (f)	tarikan napas	[tarikan napas]
expiração (f)	napas keluar	[napas keluar]
expirar (vi)	mengembuskan napas	[məŋembuskan napas]
inspirar (vi)	menarik napas	[mənariʔ napas]
inválido (m)	penderita cacat	[penderita tʃatʃat]
aleijado (m)	penderita cacat	[penderita tʃatʃat]

drogado (m)	pecandu narkoba	[petʃandu narkoba]
surdo (adj)	tunarungu	[tunaruŋu]
mudo (adj)	tunawicara	[tunawitʃara]
surdo-mudo (adj)	tunarungu-wicara	[tunaruŋu-witʃara]
louco, insano (adj)	gila	[gila]
louco (m)	lelaki gila	[lelaki gila]
louca (f)	perempuan gila	[pərempuan gila]
ficar louco	menggila	[məŋgila]
gene (m)	gen	[gen]
imunidade (f)	imunitas	[imunitas]
hereditário (adj)	turun-temurun	[turun-temurun]
congênito (adj)	bawaan	[bawaʔan]
vírus (m)	virus	[virus]
micróbio (m)	mikroba	[mikroba]
bactéria (f)	bakteri	[bakteri]
infecção (f)	infeksi	[infeksi]

50. Sintomas. Tratamentos. Parte 3

hospital (m)	rumah sakit	[rumah sakit]
paciente (m)	pasien	[pasien]
diagnóstico (m)	diagnosis	[diagnosis]
cura (f)	perawatan	[pərawatan]
tratamento (m) médico	pengobatan medis	[peŋobatan medis]
curar-se (vr)	berobat	[bərobat]
tratar (vt)	merawat	[merawat]
cuidar (pessoa)	merawat	[merawat]
cuidado (m)	pengasuhan	[peŋasuhan]
operação (f)	operasi, pembedahan	[operasi], [pembedahan]
enfaixar (vt)	membalut	[membalut]
enfaixamento (m)	pembalutan	[pembalutan]
vacinação (f)	vaksinasi	[vaksinasi]
vacinar (vt)	memvaksinasi	[memvaksinasi]
injeção (f)	suntikan	[suntikan]
dar uma injeção	menyuntik	[mənyuntiʔ]
ataque (~ de asma, etc.)	serangan	[seraŋan]
amputação (f)	amputasi	[amputasi]
amputar (vt)	mengamputasi	[məŋamputasi]
coma (f)	koma	[koma]
estar em coma	dalam keadaan koma	[dalam keadaʔan koma]
reanimação (f)	perawatan intensif	[pərawatan intensif]
recuperar-se (vr)	sembuh	[sembuh]
estado (~ de saúde)	keadaan	[keadaʔan]
consciência (perder a ~)	kesadaran	[kesadaran]
memória (f)	memori, daya ingat	[memori], [daja iŋat]
tirar (vt)	mencabut	[məntʃabut]

obturação (f)	**tambalan**	[tambalan]
obturar (vt)	**menambal**	[mənambal]

hipnose (f)	**hipnosis**	[hipnosis]
hipnotizar (vt)	**menghipnosis**	[məŋhipnosis]

51. Médicos

médico (m)	**dokter**	[dokter]
enfermeira (f)	**suster, juru rawat**	[suster], [dʒ'uru rawat]
médico (m) pessoal	**dokter pribadi**	[dokter pribadi]

dentista (m)	**dokter gigi**	[dokter gigi]
oculista (m)	**dokter mata**	[dokter mata]
terapeuta (m)	**ahli penyakit dalam**	[ahli penjakit dalam]
cirurgião (m)	**dokter bedah**	[dokter bedah]

psiquiatra (m)	**psikiater**	[psikiater]
pediatra (m)	**dokter anak**	[dokter ana?]
psicólogo (m)	**psikolog**	[psikolog]
ginecologista (m)	**ginekolog**	[ginekolog]
cardiologista (m)	**kardiolog**	[kardiolog]

52. Medicina. Drogas. Acessórios

medicamento (m)	**obat**	[obat]
remédio (m)	**obat**	[obat]
receitar (vt)	**meresepkan**	[meresepkan]
receita (f)	**resep**	[resep]

comprimido (m)	**pil, tablet**	[pil], [tablet]
unguento (m)	**salep**	[salep]
ampola (f)	**ampul**	[ampul]
solução, preparado (m)	**obat cair**	[obat tʃajr]
xarope (m)	**sirop**	[sirop]
cápsula (f)	**pil**	[pil]
pó (m)	**bubuk**	[bubu?]

atadura (f)	**perban**	[perban]
algodão (m)	**kapas**	[kapas]
iodo (m)	**iodium**	[iodium]

curativo (m) adesivo	**plester obat**	[plester obat]
conta-gotas (m)	**tetes mata**	[tetes mata]
termômetro (m)	**termometer**	[tərmometər]
seringa (f)	**alat suntik**	[alat sunti?]

cadeira (f) de rodas	**kursi roda**	[kursi roda]
muletas (f pl)	**kruk**	[kru?]

analgésico (m)	**obat bius**	[obat bius]
laxante (m)	**laksatif, obat pencuci perut**	[laksatif], [obat pentʃutʃi pərut]

álcool (m)	**spiritus, alkohol**	[spiritus], [alkohol]
ervas (f pl) medicinais	**tanaman obat**	[tanaman obat]
de ervas (chá ~)	**herbal**	[herbal]

HABITAT HUMANO

Cidade

53. Cidade. Vida na cidade

cidade (f)	kota	[kota]
capital (f)	ibu kota	[ibu kota]
aldeia (f)	desa	[desa]
mapa (m) da cidade	peta kota	[peta kota]
centro (m) da cidade	pusat kota	[pusat kota]
subúrbio (m)	pinggir kota	[piŋgir kota]
suburbano (adj)	pinggir kota	[piŋgir kota]
periferia (f)	pinggir	[piŋgir]
arredores (m pl)	daerah sekitarnya	[daerah sekitarnja]
quarteirão (m)	blok	[bloʔ]
quarteirão (m) residencial	blok perumahan	[bloʔ pərumahan]
tráfego (m)	lalu lintas	[lalu lintas]
semáforo (m)	lampu lalu lintas	[lampu lalu lintas]
transporte (m) público	angkot	[aŋkot]
cruzamento (m)	persimpangan	[pərsimpaŋan]
faixa (f)	penyeberangan	[penjeberaŋan]
túnel (m) subterrâneo	terowongan penyeberangan	[tərowoŋan penjeberaŋan]
cruzar, atravessar (vt)	menyeberang	[mənjeberaŋ]
pedestre (m)	pejalan kaki	[pedʒ'alan kaki]
calçada (f)	trotoar	[trotoar]
ponte (f)	jembatan	[dʒ'embatan]
margem (f) do rio	tepi sungai	[tepi suŋaj]
fonte (f)	air mancur	[air mantʃur]
alameda (f)	jalan kecil	[dʒ'alan ketʃil]
parque (m)	taman	[taman]
bulevar (m)	bulevar, adimarga	[bulevar], [adimarga]
praça (f)	lapangan	[lapaŋan]
avenida (f)	jalan raya	[dʒ'alan raja]
rua (f)	jalan	[dʒ'alan]
travessa (f)	gang	[gaŋ]
beco (m) sem saída	jalan buntu	[dʒ'alan buntu]
casa (f)	rumah	[rumah]
edifício, prédio (m)	gedung	[geduŋ]
arranha-céu (m)	pencakar langit	[pentʃakar laŋit]
fachada (f)	bagian depan	[bagian depan]

telhado (m)	atap	[atap]
janela (f)	jendela	[dʒendela]
arco (m)	lengkungan	[leŋkuŋan]
coluna (f)	pilar	[pilar]
esquina (f)	sudut	[sudut]

vitrine (f)	etalase	[etalase]
letreiro (m)	papan nama	[papan nama]
cartaz (do filme, etc.)	poster	[poster]
cartaz (m) publicitário	poster iklan	[poster iklan]
painel (m) publicitário	papan iklan	[papan iklan]

lixo (m)	sampah	[sampah]
lata (f) de lixo	tong sampah	[toŋ sampah]
jogar lixo na rua	menyampah	[mənjampah]
aterro (m) sanitário	tempat pemrosesan akhir (TPA)	[tempat pemrosesan ahir]

orelhão (m)	gardu telepon umum	[gardu telepon umum]
poste (m) de luz	tiang lampu	[tiaŋ lampu]
banco (m)	bangku	[baŋku]

polícia (m)	polisi	[polisi]
polícia (instituição)	polisi, kepolisian	[polisi], [kepolisian]
mendigo, pedinte (m)	pengemis	[peŋemis]
desabrigado (m)	tuna wisma	[tuna wisma]

54. Instituições urbanas

loja (f)	toko	[toko]
drogaria (f)	apotek, toko obat	[apotek], [toko obat]
ótica (f)	optik	[optiʔ]
centro (m) comercial	toserba	[toserba]
supermercado (m)	pasar swalayan	[pasar swalajan]

padaria (f)	toko roti	[toko roti]
padeiro (m)	pembuat roti	[pembuat roti]
pastelaria (f)	toko kue	[toko kue]
mercearia (f)	toko pangan	[toko paŋan]
açougue (m)	toko daging	[toko dagiŋ]

| fruteira (f) | toko sayur | [toko sajur] |
| mercado (m) | pasar | [pasar] |

cafeteria (f)	warung kopi	[waruŋ kopi]
restaurante (m)	restoran	[restoran]
bar (m)	kedai bir	[kedaj bir]
pizzaria (f)	kedai piza	[kedaj piza]

salão (m) de cabeleireiro	salon rambut	[salon rambut]
agência (f) dos correios	kantor pos	[kantor pos]
lavanderia (f)	penatu kimia	[penatu kimia]
estúdio (m) fotográfico	studio foto	[studio foto]
sapataria (f)	toko sepatu	[toko sepatu]

livraria (f)	**toko buku**	[toko buku]
loja (f) de artigos esportivos	**toko alat olahraga**	[toko alat olahraga]
costureira (m)	**reparasi pakaian**	[reparasi pakajan]
aluguel (m) de roupa	**rental pakaian**	[rental pakajan]
videolocadora (f)	**rental film**	[rental film]
circo (m)	**sirkus**	[sirkus]
jardim (m) zoológico	**kebun binatang**	[kebun binataŋ]
cinema (m)	**bioskop**	[bioskop]
museu (m)	**museum**	[museum]
biblioteca (f)	**perpustakaan**	[pərpustaka'an]
teatro (m)	**teater**	[teater]
ópera (f)	**opera**	[opera]
boate (casa noturna)	**klub malam**	[klub malam]
cassino (m)	**kasino**	[kasino]
mesquita (f)	**masjid**	[masdʒid]
sinagoga (f)	**sinagoga, kanisah**	[sinagoga], [kanisah]
catedral (f)	**katedral**	[katedral]
templo (m)	**kuil, candi**	[kuil], [tʃandi]
igreja (f)	**gereja**	[geredʒ'a]
faculdade (f)	**institut, perguruan tinggi**	[institut], [pərguruan tiŋgi]
universidade (f)	**universitas**	[universitas]
escola (f)	**sekolah**	[sekolah]
prefeitura (f)	**prefektur, distrik**	[prefektur], [distri']
câmara (f) municipal	**balai kota**	[balaj kota]
hotel (m)	**hotel**	[hotel]
banco (m)	**bank**	[ban']
embaixada (f)	**kedutaan besar**	[keduta'an besar]
agência (f) de viagens	**kantor pariwisata**	[kantor pariwisata]
agência (f) de informações	**kantor penerangan**	[kantor peneraŋan]
casa (f) de câmbio	**kantor penukaran uang**	[kantor penukaran uaŋ]
metrô (m)	**kereta api bawah tanah**	[kereta api bawah tanah]
hospital (m)	**rumah sakit**	[rumah sakit]
posto (m) de gasolina	**SPBU, stasiun bensin**	[es-pe-be-u], [stasjun bensin]
parque (m) de estacionamento	**tempat parkir**	[tempat parkir]

55. Sinais

letreiro (m)	**papan nama**	[papan nama]
aviso (m)	**tulisan**	[tulisan]
cartaz, pôster (m)	**poster**	[poster]
placa (f) de direção	**penunjuk arah**	[penundʒ'u' arah]
seta (f)	**anak panah**	[ana' panah]
aviso (advertência)	**peringatan**	[pəriŋatan]
sinal (m) de aviso	**tanda peringatan**	[tanda pəriŋatan]

avisar, advertir (vt)	memperingatkan	[memperiŋatkan]
dia (m) de folga	hari libur	[hari libur]
horário (~ dos trens, etc.)	jadwal	[dʒˈadwal]
horário (m)	jam buka	[dʒˈam buka]

BEM-VINDOS!	SELAMAT DATANG!	[selamat dataŋ!]
ENTRADA	MASUK	[masuˀ]
SAÍDA	KELUAR	[keluar]

EMPURRE	DORONG	[doroŋ]
PUXE	TARIK	[tariˀ]
ABERTO	BUKA	[buka]
FECHADO	TUTUP	[tutup]

| MULHER | WANITA | [wanita] |
| HOMEM | PRIA | [pria] |

DESCONTOS	DISKON	[diskon]
SALDOS, PROMOÇÃO	OBRAL	[obral]
NOVIDADE!	BARU!	[baru!]
GRÁTIS	GRATIS	[gratis]

ATENÇÃO!	PERHATIAN!	[pərhatian!]
NÃO HÁ VAGAS	PENUH	[penuh]
RESERVADO	DIRESERVASI	[direservasi]

| ADMINISTRAÇÃO | ADMINISTRASI | [administrasi] |
| SOMENTE PESSOAL AUTORIZADO | KHUSUS STAF | [husus staf] |

CUIDADO CÃO FEROZ	AWAS, ANJING GALAK!	[awas], [andʒiŋ galaˀ!]
PROIBIDO FUMAR!	DILARANG MEROKOK!	[dilaraŋ merokoˀ!]
NÃO TOCAR	JANGAN SENTUH!	[dʒˈaŋan sentuh!]

PERIGOSO	BERBAHAYA	[bərbahaja]
PERIGO	BAHAYA	[bahaja]
ALTA TENSÃO	TEGANGAN TINGGI	[tegaŋan tiŋgi]
PROIBIDO NADAR	DILARANG BERENANG!	[dilaraŋ bərenaŋ!]
COM DEFEITO	RUSAK	[rusaˀ]

INFLAMÁVEL	BAHAN MUDAH TERBAKAR	[bahan mudah tərbakar]
PROIBIDO	DILARANG	[dilaraŋ]
ENTRADA PROIBIDA	DILARANG MASUK!	[dilaraŋ masuˀ!]
CUIDADO TINTA FRESCA	AWAS CAT BASAH	[awas tʃat basah]

56. Transportes urbanos

ônibus (m)	bus	[bus]
bonde (m) elétrico	trem	[trem]
trólebus (m)	bus listrik	[bus listriˀ]
rota (f), itinerário (m)	trayek	[traeˀ]
número (m)	nomor	[nomor]
ir de ... (carro, etc.)	naik ...	[naiˀ ...]

| entrar no ... | naik | [naiʔ] |
| descer do ... | turun ... | [turun ...] |

parada (f)	halte, pemberhentian	[halte], [pemberhentian]
próxima parada (f)	halte berikutnya	[halte bərikutnja]
terminal (m)	halte terakhir	[halte tərahir]
horário (m)	jadwal	[dʒ¦adwal]
esperar (vt)	menunggu	[mənuŋgu]

| passagem (f) | tiket | [tiket] |
| tarifa (f) | harga karcis | [harga kartʃis] |

bilheteiro (m)	kasir	[kasir]
controle (m) de passagens	pemeriksaan tiket	[pemeriksaʔan tiket]
revisor (m)	kondektur	[kondektur]

atrasar-se (vr)	terlambat ...	[tərlambat ...]
perder (o autocarro, etc.)	ketinggalan	[ketiŋgalan]
estar com pressa	tergesa-gesa	[tərgesa-gesa]

táxi (m)	taksi	[taksi]
taxista (m)	sopir taksi	[sopir taksi]
de táxi (ir ~)	naik taksi	[naiʔ taksi]
ponto (m) de táxis	pangkalan taksi	[paŋkalan taksi]
chamar um táxi	memanggil taksi	[memaŋgil taksi]
pegar um táxi	menaiki taksi	[mənajki taksi]

tráfego (m)	lalu lintas	[lalu lintas]
engarrafamento (m)	kemacetan lalu lintas	[kematʃetan lalu lintas]
horas (f pl) de pico	jam sibuk	[dʒ¦am sibuʔ]
estacionar (vi)	parkir	[parkir]
estacionar (vt)	memarkir	[memarkir]
parque (m) de estacionamento	tempat parkir	[tempat parkir]

metrô (m)	kereta api bawah tanah	[kereta api bawah tanah]
estação (f)	stasiun	[stasiun]
ir de metrô	naik kereta api bawah tanah	[naiʔ kereta api bawah tanah]
trem (m)	kereta api	[kereta api]
estação (f) de trem	stasiun kereta api	[stasiun kereta api]

57. Turismo

monumento (m)	monumen, patung	[monumen], [patuŋ]
fortaleza (f)	benteng	[benteŋ]
palácio (m)	istana	[istana]
castelo (m)	kastil	[kastil]
torre (f)	menara	[mənara]
mausoléu (m)	mausoleum	[mausoleum]

arquitetura (f)	arsitektur	[arsitektur]
medieval (adj)	abad pertengahan	[abad pərteŋahan]
antigo (adj)	kuno	[kuno]
nacional (adj)	nasional	[nasional]

famoso, conhecido (adj)	terkenal	[tərkenal]
turista (m)	turis, wisatawan	[turis], [wisatawan]
guia (pessoa)	pemandu wisata	[pemandu wisata]
excursão (f)	ekskursi	[ekskursi]
mostrar (vt)	menunjukkan	[mənunʤu'kan]
contar (vt)	menceritakan	[mənʧeritakan]
encontrar (vt)	mendapatkan	[məndapatkan]
perder-se (vr)	tersesat	[tərsesat]
mapa (~ do metrô)	denah	[denah]
mapa (~ da cidade)	peta	[peta]
lembrança (f), presente (m)	suvenir	[suvenir]
loja (f) de presentes	toko suvenir	[toko suvenir]
tirar fotos, fotografar	memotret	[memotret]
fotografar-se (vr)	berfoto	[bərfoto]

58. Compras

comprar (vt)	membeli	[membeli]
compra (f)	belanjaan	[belanʤa'an]
fazer compras	berbelanja	[bərbelanʤa]
compras (f pl)	berbelanja	[bərbelanʤa]
estar aberta (loja)	buka	[buka]
estar fechada	tutup	[tutup]
calçado (m)	sepatu	[sepatu]
roupa (f)	pakaian	[pakajan]
cosméticos (m pl)	kosmetik	[kosmeti']
alimentos (m pl)	produk makanan	[produ' makanan]
presente (m)	hadiah	[hadiah]
vendedor (m)	pramuniaga	[pramuniaga]
vendedora (f)	pramuniaga perempuan	[pramuniaga pərempuan]
caixa (f)	kas	[kas]
espelho (m)	cermin	[ʧermin]
balcão (m)	konter	[konter]
provador (m)	kamar pas	[kamar pas]
provar (vt)	mengepas	[məŋepas]
servir (roupa, caber)	pas, cocok	[pas], [ʧoʧo']
gostar (apreciar)	suka	[suka]
preço (m)	harga	[harga]
etiqueta (f) de preço	label harga	[label harga]
custar (vt)	berharga	[bərharga]
Quanto?	Berapa?	[bərapa?]
desconto (m)	diskon	[diskon]
não caro (adj)	tidak mahal	[tida' mahal]
barato (adj)	murah	[murah]
caro (adj)	mahal	[mahal]

É caro	Ini mahal	[ini mahal]
aluguel (m)	rental, persewaan	[rental], [pərsewa'an]
alugar (roupas, etc.)	menyewa	[mənjewa]
crédito (m)	kredit	[kredit]
a crédito	secara kredit	[setʃara kredit]

59. Dinheiro

dinheiro (m)	uang	[uaŋ]
câmbio (m)	pertukaran mata uang	[pərtukaran mata uaŋ]
taxa (f) de câmbio	nilai tukar	[nilaj tukar]
caixa (m) eletrônico	Anjungan Tunai Mandiri, ATM	[andʒˈuŋan tunaj mandiri], [a-te-em]
moeda (f)	koin	[koin]
dólar (m)	dolar	[dolar]
euro (m)	euro	[euro]
lira (f)	lira	[lira]
marco (m)	Mark Jerman	[mar' dʒˈerman]
franco (m)	franc	[frantʃ]
libra (f) esterlina	poundsterling	[paundsterliŋ]
iene (m)	yen	[yen]
dívida (f)	utang	[utaŋ]
devedor (m)	pengutang	[peŋutaŋ]
emprestar (vt)	meminjamkan	[memindʒˈamkan]
pedir emprestado	meminjam	[memindʒˈam]
banco (m)	bank	[ban']
conta (f)	rekening	[rekeniŋ]
depositar (vt)	memasukkan	[memasu'kan]
depositar na conta	memasukkan ke rekening	[memasu'kan ke rekeniŋ]
sacar (vt)	menarik uang	[mənari' uaŋ]
cartão (m) de crédito	kartu kredit	[kartu kredit]
dinheiro (m) vivo	uang kontan, uang tunai	[uaŋ kontan], [uaŋ tunaj]
cheque (m)	cek	[tʃe']
passar um cheque	menulis cek	[mənulis tʃe']
talão (m) de cheques	buku cek	[buku tʃe']
carteira (f)	dompet	[dompet]
niqueleira (f)	dompet, pundi-pundi	[dompet], [pundi-pundi]
cofre (m)	brankas	[brankas]
herdeiro (m)	pewaris	[pewaris]
herança (f)	warisan	[warisan]
fortuna (riqueza)	kekayaan	[kekaja'an]
arrendamento (m)	sewa	[sewa]
aluguel (pagar o ~)	uang sewa	[uaŋ sewa]
alugar (vt)	menyewa	[mənjewa]
preço (m)	harga	[harga]
custo (m)	harga	[harga]

soma (f)	jumlah	[dʒumlah]
gastar (vt)	menghabiskan	[mǝŋhabiskan]
gastos (m pl)	ongkos	[oŋkos]
economizar (vi)	menghemat	[mǝŋhemat]
econômico (adj)	hemat	[hemat]
pagar (vt)	membayar	[membajar]
pagamento (m)	pembayaran	[pembajaran]
troco (m)	kembalian	[kembalian]
imposto (m)	pajak	[padʒa']
multa (f)	denda	[denda]
multar (vt)	mendenda	[mǝndenda]

60. Correios. Serviço postal

agência (f) dos correios	kantor pos	[kantor pos]
correio (m)	surat	[surat]
carteiro (m)	tukang pos	[tukaŋ pos]
horário (m)	jam buka	[dʒam buka]
carta (f)	surat	[surat]
carta (f) registada	surat tercatat	[surat tǝrtʃatat]
cartão (m) postal	kartu pos	[kartu pos]
telegrama (m)	telegram	[telegram]
encomenda (f)	parsel, paket pos	[parsel], [paket pos]
transferência (f) de dinheiro	wesel pos	[wesel pos]
receber (vt)	menerima	[mǝnerima]
enviar (vt)	mengirim	[mǝŋirim]
envio (m)	pengiriman	[peŋiriman]
endereço (m)	alamat	[alamat]
código (m) postal	kode pos	[kode pos]
remetente (m)	pengirim	[peŋirim]
destinatário (m)	penerima	[penerima]
nome (m)	nama	[nama]
sobrenome (m)	nama keluarga	[nama keluarga]
tarifa (f)	tarif	[tarif]
ordinário (adj)	biasa, standar	[biasa], [standar]
econômico (adj)	ekonomis	[ekonomis]
peso (m)	berat	[berat]
pesar (estabelecer o peso)	menimbang	[mǝnimbaŋ]
envelope (m)	amplop	[amplop]
selo (m) postal	prangko	[praŋko]
colar o selo	menempelkan prangko	[mǝnempelkan praŋko]

Moradia. Casa. Lar

61. Casa. Eletricidade

eletricidade (f)	listrik	[listri']
lâmpada (f)	bohlam	[bohlam]
interruptor (m)	sakelar	[sakelar]
fusível, disjuntor (m)	sekring	[sekriŋ]
fio, cabo (m)	kabel, kawat	[kabel], [kawat]
instalação (f) elétrica	rangkaian kabel	[raŋkajan kabel]
medidor (m) de eletricidade	meteran listrik	[meteran listri']
indicação (f), registro (m)	pencatatan	[pentʃatatan]

62. Moradia. Mansão

casa (f) de campo	rumah luar kota	[rumah luar kota]
vila (f)	vila	[vila]
ala (~ do edifício)	sayap	[sajap]
jardim (m)	kebun	[kebun]
parque (m)	taman	[taman]
estufa (f)	rumah kaca	[rumah katʃa]
cuidar de ...	memelihara	[memelihara]
piscina (f)	kolam renang	[kolam renaŋ]
academia (f) de ginástica	gym	[dʒim]
quadra (f) de tênis	lapangan tenis	[lapaŋan tenis]
cinema (m)	bioskop rumah	[bioskop rumah]
garagem (f)	garasi	[garasi]
propriedade (f) privada	milik pribadi	[mili' pribadi]
terreno (m) privado	tanah pribadi	[tanah pribadi]
advertência (f)	peringatan	[pəriŋatan]
sinal (m) de aviso	tanda peringatan	[tanda pəriŋatan]
guarda (f)	keamanan	[keamanan]
guarda (m)	satpam, pengawal	[satpam], [peŋawal]
alarme (m)	alarm antirampok	[alarm antirampo']

63. Apartamento

apartamento (m)	apartemen	[apartemen]
quarto, cômodo (m)	kamar	[kamar]
quarto (m) de dormir	kamar tidur	[kamar tidur]

sala (f) de jantar	ruang makan	[ruaŋ makan]
sala (f) de estar	ruang tamu	[ruaŋ tamu]
escritório (m)	ruang kerja	[ruaŋ kerdʒ'a]

sala (f) de entrada	ruang depan	[ruaŋ depan]
banheiro (m)	kamar mandi	[kamar mandi]
lavabo (m)	kamar kecil	[kamar ketʃil]

teto (m)	plafon, langit-langit	[plafon], [laŋit-laŋit]
chão, piso (m)	lantai	[lantaj]
canto (m)	sudut	[sudut]

64. Mobiliário. Interior

mobiliário (m)	mebel	[mebel]
mesa (f)	meja	[medʒ'a]
cadeira (f)	kursi	[kursi]
cama (f)	ranjang	[randʒ'aŋ]

| sofá, divã (m) | dipan | [dipan] |
| poltrona (f) | kursi malas | [kursi malas] |

| estante (f) | lemari buku | [lemari buku] |
| prateleira (f) | rak | [raʔ] |

guarda-roupas (m)	lemari pakaian	[lemari pakajan]
cabide (m) de parede	kapstok	[kapstoʔ]
cabideiro (m) de pé	kapstok berdiri	[kapstoʔ bərdiri]

| cômoda (f) | lemari laci | [lemari latʃi] |
| mesinha (f) de centro | meja kopi | [medʒ'a kopi] |

espelho (m)	cermin	[tʃermin]
tapete (m)	permadani	[pərmadani]
tapete (m) pequeno	karpet kecil	[karpet ketʃil]

lareira (f)	perapian	[pərapian]
vela (f)	lilin	[lilin]
castiçal (m)	kaki lilin	[kaki lilin]

cortinas (f pl)	gorden	[gorden]
papel (m) de parede	kertas dinding	[kertas dindiŋ]
persianas (f pl)	kerai	[keraj]

| luminária (f) de mesa | lampu meja | [lampu medʒ'a] |
| luminária (f) de parede | lampu dinding | [lampu dindiŋ] |

| abajur (m) de pé | lampu lantai | [lampu lantaj] |
| lustre (m) | lampu bercabang | [lampu bərtʃabaŋ] |

pé (de mesa, etc.)	kaki	[kaki]
braço, descanso (m)	lengan	[leŋan]
costas (f pl)	sandaran	[sandaran]
gaveta (f)	laci	[latʃi]

65. Quarto de dormir

roupa (f) de cama	kain kasur	[kain kasur]
travesseiro (m)	bantal	[bantal]
fronha (f)	sarung bantal	[saruŋ bantal]
cobertor (m)	selimut	[selimut]
lençol (m)	seprai	[sepraj]
colcha (f)	selubung kasur	[selubuŋ kasur]

66. Cozinha

cozinha (f)	dapur	[dapur]
gás (m)	gas	[gas]
fogão (m) a gás	kompor gas	[kompor gas]
fogão (m) elétrico	kompor listrik	[kompor listriʔ]
forno (m)	oven	[oven]
forno (m) de micro-ondas	microwave	[majkrowav]
geladeira (f)	lemari es, kulkas	[lemari es], [kulkas]
congelador (m)	lemari pembeku	[lemari pembeku]
máquina (f) de lavar louça	mesin pencuci piring	[mesin pentʃutʃi piriŋ]
moedor (m) de carne	alat pelumat daging	[alat pelumat dagiŋ]
espremedor (m)	mesin sari buah	[mesin sari buah]
torradeira (f)	alat pemanggang roti	[alat pemaŋgaŋ roti]
batedeira (f)	pencampur	[pentʃampur]
máquina (f) de café	mesin pembuat kopi	[mesin pembuat kopi]
cafeteira (f)	teko kopi	[teko kopi]
moedor (m) de café	mesin penggiling kopi	[mesin peŋgiliŋ kopi]
chaleira (f)	cerek	[tʃereʔ]
bule (m)	teko	[teko]
tampa (f)	tutup	[tutup]
coador (m) de chá	saringan teh	[sariŋan teh]
colher (f)	sendok	[sendoʔ]
colher (f) de chá	sendok teh	[sendoʔ teh]
colher (f) de sopa	sendok makan	[sendoʔ makan]
garfo (m)	garpu	[garpu]
faca (f)	pisau	[pisau]
louça (f)	piring mangkuk	[piriŋ maŋkuʔ]
prato (m)	piring	[piriŋ]
pires (m)	alas cangkir	[alas tʃaŋkir]
cálice (m)	seloki	[seloki]
copo (m)	gelas	[gelas]
xícara (f)	cangkir	[tʃaŋkir]
açucareiro (m)	wadah gula	[wadah gula]
saleiro (m)	wadah garam	[wadah garam]
pimenteiro (m)	wadah merica	[wadah meritʃa]

manteigueira (f)	**wadah mentega**	[wadah mentega]
panela (f)	**panci**	[pantʃi]
frigideira (f)	**kuali**	[kuali]
concha (f)	**sudu**	[sudu]
coador (m)	**saringan**	[sariŋan]
bandeja (f)	**talam**	[talam]
garrafa (f)	**botol**	[botol]
pote (m) de vidro	**gelas**	[gelas]
lata (~ de cerveja)	**kaleng**	[kaleŋ]
abridor (m) de garrafa	**pembuka botol**	[pembuka botol]
abridor (m) de latas	**pembuka kaleng**	[pembuka kaleŋ]
saca-rolhas (m)	**kotrek**	[kotreʔ]
filtro (m)	**saringan**	[sariŋan]
filtrar (vt)	**saringan**	[sariŋan]
lixo (m)	**sampah**	[sampah]
lixeira (f)	**tong sampah**	[toŋ sampah]

67. Casa de banho

banheiro (m)	**kamar mandi**	[kamar mandi]
água (f)	**air**	[air]
torneira (f)	**keran**	[keran]
água (f) quente	**air panas**	[air panas]
água (f) fria	**air dingin**	[air diŋin]
pasta (f) de dente	**pasta gigi**	[pasta gigi]
escovar os dentes	**menggosok gigi**	[məŋgosoʔ gigi]
escova (f) de dente	**sikat gigi**	[sikat gigi]
barbear-se (vr)	**bercukur**	[bərtʃukur]
espuma (f) de barbear	**busa cukur**	[busa tʃukur]
gilete (f)	**pisau cukur**	[pisau tʃukur]
lavar (vt)	**mencuci**	[məntʃutʃi]
tomar banho	**mandi**	[mandi]
chuveiro (m), ducha (f)	**pancuran**	[pantʃuran]
tomar uma ducha	**mandi pancuran**	[mandi pantʃuran]
banheira (f)	**bak mandi**	[baʔ mandi]
vaso (m) sanitário	**kloset**	[kloset]
pia (f)	**wastafel**	[wastafel]
sabonete (m)	**sabun**	[sabun]
saboneteira (f)	**wadah sabun**	[wadah sabun]
esponja (f)	**spons**	[spons]
xampu (m)	**sampo**	[sampo]
toalha (f)	**handuk**	[handuʔ]
roupão (m) de banho	**jubah mandi**	[dʒʲubah mandi]
lavagem (f)	**pencucian**	[pentʃutʃian]
lavadora (f) de roupas	**mesin cuci**	[mesin tʃutʃi]

| lavar a roupa | mencuci | [mənʧuʧi] |
| detergente (m) | deterjen cuci | [deterʤˈen ʧuʧi] |

68. Eletrodomésticos

televisor (m)	pesawat TV	[pesawat ti-vi]
gravador (m)	alat perekam	[alat pərekam]
videogravador (m)	video, VCR	[vidio], [vi-si-er]
rádio (m)	radio	[radio]
leitor (m)	pemutar	[pemutar]

projetor (m)	proyektor video	[proektor video]
cinema (m) em casa	bioskop rumah	[bioskop rumah]
DVD Player (m)	pemutar DVD	[pemutar di-vi-di]
amplificador (m)	penguat	[peŋuat]
console (f) de jogos	konsol permainan video	[konsol pərmajnan video]

câmera (f) de vídeo	kamera video	[kamera video]
máquina (f) fotográfica	kamera	[kamera]
câmera (f) digital	kamera digital	[kamera digital]

aspirador (m)	pengisap debu	[peŋisap debu]
ferro (m) de passar	setrika	[setrika]
tábua (f) de passar	papan setrika	[papan setrika]

telefone (m)	telepon	[telepon]
celular (m)	ponsel	[ponsel]
máquina (f) de escrever	mesin ketik	[mesin ketiˀ]
máquina (f) de costura	mesin jahit	[mesin ʤˈahit]

microfone (m)	mikrofon	[mikrofon]
fone (m) de ouvido	headphone, fonkepala	[headphone], [fonkepala]
controle remoto (m)	panel kendali	[panel kendali]

CD (m)	cakram kompak	[ʧakram kompaˀ]
fita (f) cassete	kaset	[kaset]
disco (m) de vinil	piringan hitam	[piriŋan hitam]

ATIVIDADES HUMANAS

Emprego. Negócios. Parte 1

69. Escritório. O trabalho no escritório

escritório (~ de advogados)	kantor	[kantor]
escritório (do diretor, etc.)	ruang kerja	[ruaŋ kerdʒʲa]
recepção (f)	resepsionis kantor	[resepsionis kantor]
secretário (m)	sekretaris	[sekretaris]
secretária (f)	sekretaris	[sekretaris]
diretor (m)	direktur	[direktur]
gerente (m)	manajer	[manadʒʲer]
contador (m)	akuntan	[akuntan]
empregado (m)	karyawan	[karjawan]
mobiliário (m)	mebel	[mebel]
mesa (f)	meja	[medʒʲa]
cadeira (f)	kursi malas	[kursi malas]
gaveteiro (m)	meja samping ranjang	[medʒʲa sampiŋ randʒʲaŋ]
cabideiro (m) de pé	kapstok berdiri	[kapsto' berdiri]
computador (m)	komputer	[komputer]
impressora (f)	printer, pencetak	[printer], [pentʃeta']
fax (m)	mesin faks	[mesin faks]
fotocopiadora (f)	mesin fotokopi	[mesin fotokopi]
papel (m)	kertas	[kertas]
artigos (m pl) de escritório	alat tulis kantor	[alat tulis kantor]
tapete (m) para mouse	bantal tetikus	[bantal tetikus]
folha (f)	lembar	[lembar]
pasta (f)	map	[map]
catálogo (m)	katalog	[katalog]
lista (f) telefônica	buku telepon	[buku telepon]
documentação (f)	dokumentasi	[dokumentasi]
brochura (f)	brosur	[brosur]
panfleto (m)	selebaran	[selebaran]
amostra (f)	sampel, contoh	[sampel], [tʃontoh]
formação (f)	latihan	[latihan]
reunião (f)	rapat	[rapat]
hora (f) de almoço	waktu makan siang	[waktu makan siaŋ]
fazer uma cópia	membuat salinan	[membuat salinan]
tirar cópias	memperbanyak	[memperbanja']
receber um fax	menerima faks	[mənerima faks]
enviar um fax	mengirim faks	[məŋirim faks]

fazer uma chamada	menelepon	[mənelepon]
responder (vt)	menjawab	[mǝndʒʲawab]
passar (vt)	menyambungkan	[mǝnjambuŋkan]

marcar (vt)	menetapkan	[mǝnetapkan]
demonstrar (vt)	memeragakan	[memeragakan]
estar ausente	absen, tidak hadir	[absen], [tida' hadir]
ausência (f)	absensi, ketidakhadiran	[absensi], [ketidahadiran]

70. Processos negociais. Parte 1

negócio (m)	bisnis	[bisnis]
ocupação (f)	urusan	[urusan]

firma, empresa (f)	firma	[firma]
companhia (f)	maskapai	[maskapaj]
corporação (f)	korporasi	[korporasi]
empresa (f)	perusahaan	[pǝrusaha'an]
agência (f)	biro, kantor	[biro], [kantor]

acordo (documento)	perjanjian	[pǝrdʒʲandʒian]
contrato (m)	kontrak	[kontra']
acordo (transação)	transaksi	[transaksi]
pedido (m)	pesanan	[pesanan]
termos (m pl)	syarat	[ʃarat]

por atacado	grosir	[grosir]
por atacado (adj)	grosir	[grosir]
venda (f) por atacado	penjualan grosir	[pendʒʲualan grosir]
a varejo	eceran	[etʃeran]
venda (f) a varejo	pengeceran	[peŋetʃeran]

concorrente (m)	kompetitor, pesaing	[kompetitor], [pesajŋ]
concorrência (f)	kompetisi, persaingan	[kompetisi], [pǝrsajŋan]
competir (vi)	bersaing	[bǝrsajŋ]

sócio (m)	mitra	[mitra]
parceria (f)	kemitraan	[kemitra'an]

crise (f)	krisis	[krisis]
falência (f)	kebangkrutan	[kebaŋkrutan]
entrar em falência	jatuh bangkrut	[dʒʲatuh baŋkrut]
dificuldade (f)	kesukaran	[kesukaran]
problema (m)	masalah	[masalah]
catástrofe (f)	gagal total	[gagal total]

economia (f)	ekonomi	[ekonomi]
econômico (adj)	ekonomi	[ekonomi]
recessão (f) econômica	resesi ekonomi	[resesi ekonomi]

objetivo (m)	tujuan	[tudʒʲuan]
tarefa (f)	tugas	[tugas]
comerciar (vi, vt)	berdagang	[bǝrdagaŋ]
rede (de distribuição)	jaringan	[dʒʲariŋan]

estoque (m)	inventaris	[inventaris]
sortimento (m)	penyortiran	[penjortiran]
líder (m)	pemimpin	[pemimpin]
grande (~ empresa)	besar	[besar]
monopólio (m)	monopoli	[monopoli]
teoria (f)	teori	[teori]
prática (f)	praktik	[prakti']
experiência (f)	pengalaman	[peŋalaman]
tendência (f)	tendensi	[tendensi]
desenvolvimento (m)	perkembangan	[pərkembaŋan]

71. Processos negociais. Parte 2

rentabilidade (f)	keuntungan	[keuntuŋan]
rentável (adj)	menguntungkan	[məŋuntuŋkan]
delegação (f)	delegasi	[delegasi]
salário, ordenado (m)	gaji, upah	[gadʒi], [upah]
corrigir (~ um erro)	mengoreksi	[məŋoreksi]
viagem (f) de negócios	perjalanan dinas	[pərdʒalanan dinas]
comissão (f)	panitia	[panitia]
controlar (vt)	mengontrol	[məŋontrol]
conferência (f)	konferensi	[konferensi]
licença (f)	lisensi, izin	[lisensi], [izin]
confiável (adj)	yang bisa dipercaya	[yaŋ bisa dipertʃaja]
empreendimento (m)	inisiatif	[inisiatif]
norma (f)	norma	[norma]
circunstância (f)	keadaan sekitar	[keada'an sekitar]
dever (do empregado)	tugas	[tugas]
empresa (f)	organisasi	[organisasi]
organização (f)	pengurusan	[peŋurusan]
organizado (adj)	terurus	[tərurus]
anulação (f)	pembatalan	[pembatalan]
anular, cancelar (vt)	membatalkan	[membatalkan]
relatório (m)	laporan	[laporan]
patente (f)	paten	[paten]
patentear (vt)	mematenkan	[mematenkan]
planejar (vt)	merencanakan	[merentʃanakan]
bônus (m)	bonus	[bonus]
profissional (adj)	profesional	[profesional]
procedimento (m)	prosedur	[prosedur]
examinar (~ a questão)	mempertimbangkan	[mempertimbaŋkan]
cálculo (m)	perhitungan	[pərhituŋan]
reputação (f)	reputasi	[reputasi]
risco (m)	risiko	[risiko]
dirigir (~ uma empresa)	memimpin	[memimpin]

informação (f)	data, informasi	[data], [informasi]
propriedade (f)	milik	[mili']
união (f)	persatuan, serikat	[pərsatuan], [serikat]
seguro (m) de vida	asuransi jiwa	[asuransi dʒiwa]
fazer um seguro	mengasuransikan	[məŋasuransikan]
seguro (m)	asuransi	[asuransi]
leilão (m)	lelang	[lelaŋ]
notificar (vt)	memberitahu	[memberitahu]
gestão (f)	manajemen	[manadʒ'emen]
serviço (indústria de ~s)	jasa	[dʒ'asa]
fórum (m)	forum	[forum]
funcionar (vi)	berfungsi	[bərfuŋsi]
estágio (m)	tahap	[tahap]
jurídico, legal (adj)	hukum	[hukum]
advogado (m)	ahli hukum	[ahli hukum]

72. Produção. Trabalhos

usina (f)	pabrik	[pabri']
fábrica (f)	pabrik	[pabri']
oficina (f)	bengkel	[beŋkel]
local (m) de produção	perusahaan	[pərusaha'an]
indústria (f)	industri	[industri]
industrial (adj)	industri	[industri]
indústria (f) pesada	industri berat	[industri bərat]
indústria (f) ligeira	industri ringan	[industri riŋan]
produção (f)	produksi	[produksi]
produzir (vt)	memproduksi	[memproduksi]
matérias-primas (f pl)	bahan baku	[bahan baku]
chefe (m) de obras	mandor	[mandor]
equipe (f)	regu pekerja	[regu pekerdʒ'a]
operário (m)	buruh, pekerja	[buruh], [pekerdʒ'a]
dia (m) de trabalho	hari kerja	[hari kerdʒ'a]
intervalo (m)	perhentian	[pərhentian]
reunião (f)	rapat	[rapat]
discutir (vt)	membicarakan	[membitɕarakan]
plano (m)	rencana	[rentɕana]
cumprir o plano	melaksanakan rencana	[melaksanakan rentɕana]
taxa (f) de produção	kecepatan produksi	[ketɕepatan produksi]
qualidade (f)	kualitas, mutu	[kualitas], [mutu]
controle (m)	kontrol, kendali	[kontrol], [kendali]
controle (m) da qualidade	kendali mutu	[kendali mutu]
segurança (f) no trabalho	keselamatan kerja	[keselamatan kerdʒ'a]
disciplina (f)	disiplin	[disiplin]
infração (f)	pelanggaran	[pelaŋgaran]

violar (as regras)	melanggar	[melaŋgar]
greve (f)	pemogokan	[pemogokan]
grevista (m)	pemogok	[pemogo']
estar em greve	mogok	[mogo']
sindicato (m)	serikat pekerja	[serikat pekerdʒ'a]

inventar (vt)	menemukan	[mənemukan]
invenção (f)	penemuan	[penemuan]
pesquisa (f)	riset, penelitian	[riset], [penelitian]
melhorar (vt)	memperbaiki	[memperbajki]
tecnologia (f)	teknologi	[teknologi]
desenho (m) técnico	gambar teknik	[gambar tekni']

carga (f)	muatan	[muatan]
carregador (m)	kuli	[kuli]
carregar (o caminhão, etc.)	memuat	[memuat]
carregamento (m)	pemuatan	[pemuatan]
descarregar (vt)	membongkar	[memboŋkar]
descarga (f)	pembongkaran	[pemboŋkaran]

transporte (m)	transportasi, angkutan	[transportasi], [aŋkutan]
companhia (f) de transporte	perusahaan transportasi	[pərusaha'an transportasi]
transportar (vt)	mengangkut	[məŋaŋkut]

vagão (m) de carga	gerbong barang	[gerboŋ baraŋ]
tanque (m)	tangki	[taŋki]
caminhão (m)	truk	[tru']

máquina (f) operatriz	mesin	[mesin]
mecanismo (m)	mekanisme	[mekanisme]

resíduos (m pl) industriais	limbah industri	[limbah industri]
embalagem (f)	pengemasan	[peŋemasan]
embalar (vt)	mengemas	[məŋemas]

73. Contrato. Acordo

contrato (m)	kontrak	[kontra']
acordo (m)	perjanjian	[pərdʒ'andʒian]
adendo, anexo (m)	lampiran	[lampiran]

assinar o contrato	menandatangani kontrak	[mənandataŋani kontra']
assinatura (f)	tanda tangan	[tanda taŋan]
assinar (vt)	menandatangani	[mənandataŋani]
carimbo (m)	cap	[tʃap]

objeto (m) do contrato	subjek perjanjian	[subdʒ'e' pərdʒ'andʒian]
cláusula (f)	ayat, pasal	[ajat], [pasal]
partes (f pl)	pihak	[piha']
domicílio (m) legal	alamat sah	[alamat sah]

violar o contrato	melanggar kontrak	[melaŋgar kontra']
obrigação (f)	komitmen, kewajiban	[komitmen], [kewadʒiban]
responsabilidade (f)	tanggung jawab	[taŋguŋ dʒ'awab]

força (f) maior	keadaan kahar	[keada'an kahar]
litígio (m), disputa (f)	sengketa	[seŋketa]
multas (f pl)	sanksi, penalti	[sanksi], [penalti]

74. Importação & Exportação

importação (f)	impor	[impor]
importador (m)	importir	[importir]
importar (vt)	mengimpor	[məŋimpor]
de importação	impor	[impor]

exportação (f)	ekspor	[ekspor]
exportador (m)	eksportir	[eksportir]
exportar (vt)	mengekspor	[məŋekspor]
de exportação	ekspor	[ekspor]

| mercadoria (f) | barang dagangan | [baraŋ dagaŋan] |
| lote (de mercadorias) | partai | [partaj] |

peso (m)	berat	[berat]
volume (m)	volume, isi	[volume], [isi]
metro (m) cúbico	meter kubik	[meter kubi']

produtor (m)	produsen	[produsen]
companhia (f) de transporte	perusahaan transportasi	[pərusaha'an transportasi]
contêiner (m)	peti kemas	[peti kemas]

fronteira (f)	perbatasan	[pərbatasan]
alfândega (f)	pabean	[pabean]
taxa (f) alfandegária	bea cukai	[bea tʃukaj]
funcionário (m) da alfândega	petugas pabean	[petugas pabean]
contrabando (atividade)	penyelundupan	[penjelundupan]
contrabando (produtos)	barang-barang selundupan	[baraŋ-baraŋ selundupan]

75. Finanças

ação (f)	saham	[saham]
obrigação (f)	obligasi	[obligasi]
nota (f) promissória	wesel	[wesel]

| bolsa (f) de valores | bursa efek | [bursa efe'] |
| cotação (m) das ações | kurs saham | [kurs saham] |

| tornar-se mais barato | menjadi murah | [məndʒ'adi murah] |
| tornar-se mais caro | menjadi mahal | [məndʒ'adi mahal] |

| parte (f) | kepemilikan saham | [kepemilikan saham] |
| participação (f) majoritária | mayoritas saham | [majoritas saham] |

investimento (m)	investasi	[investasi]
investir (vt)	berinvestasi	[bərinvestasi]
porcentagem (f)	persen	[pərsen]

juros (m pl)	suku bunga	[suku buŋa]
lucro (m)	profit, untung	[profit], [untuŋ]
lucrativo (adj)	beruntung	[bəruntuŋ]
imposto (m)	pajak	[padʒja']
divisa (f)	valas	[valas]
nacional (adj)	nasional	[nasional]
câmbio (m)	pertukaran	[pərtukaran]
contador (m)	akuntan	[akuntan]
contabilidade (f)	akuntansi	[akuntansi]
falência (f)	kebangkrutan	[kebaŋkrutan]
falência, quebra (f)	keruntuhan	[keruntuhan]
ruína (f)	kebangkrutan	[kebaŋkrutan]
estar quebrado	bangkrut	[baŋkrut]
inflação (f)	inflasi	[inflasi]
desvalorização (f)	devaluasi	[devaluasi]
capital (m)	modal	[modal]
rendimento (m)	pendapatan	[pendapatan]
volume (m) de negócios	omzet	[omzet]
recursos (m pl)	sumber daya	[sumber daja]
recursos (m pl) financeiros	dana	[dana]
despesas (f pl) gerais	beaya umum	[beaja umum]
reduzir (vt)	mengurangi	[məŋuraŋi]

76. Marketing

marketing (m)	pemasaran	[pemasaran]
mercado (m)	pasar	[pasar]
segmento (m) do mercado	segmen pasar	[segmen pasar]
produto (m)	produk	[produ']
mercadoria (f)	barang dagangan	[baraŋ dagaŋan]
marca (f)	merek	[mere']
marca (f) registrada	merek dagang	[mere' dagaŋ]
logotipo (m)	logo dagang	[logo dagaŋ]
logo (m)	logo	[logo]
demanda (f)	permintaan	[pərminta'an]
oferta (f)	penawaran	[penawaran]
necessidade (f)	kebutuhan	[kebutuhan]
consumidor (m)	konsumen	[konsumen]
análise (f)	analisis	[analisis]
analisar (vt)	menganalisis	[məŋanalisis]
posicionamento (m)	pemosisian	[pemosisian]
posicionar (vt)	memosisikan	[memosisikan]
preço (m)	harga	[harga]
política (f) de preços	politik harga	[politi' harga]
formação (f) de preços	penentuan harga	[penentuan harga]

77. Publicidade

publicidade (f)	iklan	[iklan]
fazer publicidade	mengiklankan	[məŋiklankan]
orçamento (m)	anggaran belanja	[aŋgaran belandʒʲa]
anúncio (m)	iklan	[iklan]
publicidade (f) na TV	iklan TV	[iklan ti-vi]
publicidade (f) na rádio	iklan radio	[iklan radio]
publicidade (f) exterior	iklan luar ruangan	[iklan luar ruaŋan]
comunicação (f) de massa	media massa	[media massa]
periódico (m)	terbitan berkala	[tərbitan bərkala]
imagem (f)	citra	[tʃitra]
slogan (m)	slogan, semboyan	[slogan], [semboyan]
mote (m), lema (f)	moto	[moto]
campanha (f)	kampanye	[kampanje]
campanha (f) publicitária	kampanye iklan	[kampanje iklan]
grupo (m) alvo	khalayak sasaran	[ḥalaja' sasaran]
cartão (m) de visita	kartu nama	[kartu nama]
panfleto (m)	selebaran	[selebaran]
brochura (f)	brosur	[brosur]
folheto (m)	pamflet	[pamflet]
boletim (~ informativo)	buletin	[buletin]
letreiro (m)	papan nama	[papan nama]
cartaz, pôster (m)	poster	[poster]
painel (m) publicitário	papan iklan	[papan iklan]

78. Banca

banco (m)	bank	[ban']
balcão (f)	cabang	[tʃabaŋ]
consultor (m) bancário	konsultan	[konsultan]
gerente (m)	manajer	[manadʒʲer]
conta (f)	rekening	[rekeniŋ]
número (m) da conta	nomor rekening	[nomor rekeniŋ]
conta (f) corrente	rekening koran	[rekeniŋ koran]
conta (f) poupança	rekening simpanan	[rekeniŋ simpanan]
abrir uma conta	membuka rekening	[membuka rekeniŋ]
fechar uma conta	menutup rekening	[mənutup rekeniŋ]
depositar na conta	memasukkan ke rekening	[memasu'kan ke rekeniŋ]
sacar (vt)	menarik uang	[mənari' uaŋ]
depósito (m)	deposito	[deposito]
fazer um depósito	melakukan setoran	[melakukan setoran]
transferência (f) bancária	transfer kawat	[transfer kawat]

transferir (vt)	mentransfer	[məntransfer]
soma (f)	jumlah	[dʒɨumlah]
Quanto?	Berapa?	[bərapa?]

| assinatura (f) | tanda tangan | [tanda taŋan] |
| assinar (vt) | menandatangani | [mənandataŋani] |

cartão (m) de crédito	kartu kredit	[kartu kredit]
senha (f)	kode	[kode]
número (m) do cartão de crédito	nomor kartu kredit	[nomor kartu kredit]
caixa (m) eletrônico	Anjungan Tunai Mandiri, ATM	[andʒɨuŋan tunaj mandiri], [a-te-em]

cheque (m)	cek	[ʧe?]
passar um cheque	menulis cek	[mənulis ʧe?]
talão (m) de cheques	buku cek	[buku ʧe?]

empréstimo (m)	kredit, pinjaman	[kredit], [pindʒɨaman]
pedir um empréstimo	meminta kredit	[meminta kredit]
obter empréstimo	mendapatkan kredit	[məndapatkan kredit]
dar um empréstimo	memberikan kredit	[memberikan kredit]
garantia (f)	jaminan	[dʒɨaminan]

79. Telefone. Conversação telefônica

telefone (m)	telepon	[telepon]
celular (m)	ponsel	[ponsel]
secretária (f) eletrônica	mesin penjawab panggilan	[mesin pendʒɨawab paŋgilan]

| fazer uma chamada | menelepon | [mənelepon] |
| chamada (f) | panggilan telepon | [paŋgilan telepon] |

discar um número	memutar nomor telepon	[memutar nomor telepon]
Alô!	Halo!	[halo!]
perguntar (vt)	bertanya	[bərtanja]
responder (vt)	menjawab	[məndʒɨawab]

ouvir (vt)	mendengar	[məndeŋar]
bem	baik	[baj?]
mal	buruk, jelek	[buruk], [dʒɨele?]
ruído (m)	bising, gangguan	[bisiŋ], [gaŋguan]

fone (m)	gagang	[gagaŋ]
pegar o telefone	mengangkat telepon	[məŋaŋkat telepon]
desligar (vi)	menutup telepon	[mənutup telepon]

ocupado (adj)	sibuk	[sibu?]
tocar (vi)	berdering	[bərderiŋ]
lista (f) telefônica	buku telepon	[buku telepon]

local (adj)	lokal	[lokal]
chamada (f) local	panggilan lokal	[paŋgilan lokal]
de longa distância	interlokal	[interlokal]

chamada (f) de longa distância	panggilan interlokal	[paŋgilan interlokal]
internacional (adj)	internasional	[internasional]
chamada (f) internacional	panggilan internasional	[paŋgilan internasional]

80. Telefone móvel

celular (m)	ponsel	[ponsel]
tela (f)	layar	[lajar]
botão (m)	kenop	[kenop]
cartão SIM (m)	kartu SIM	[kartu sim]

bateria (f)	baterai	[bateraj]
descarregar-se (vr)	mati	[mati]
carregador (m)	pengisi baterai, pengecas	[peŋisi bateraj], [peŋetʃas]

menu (m)	menu	[menu]
configurações (f pl)	penyetelan	[penjetelan]
melodia (f)	nada panggil	[nada paŋgil]
escolher (vt)	memilih	[memilih]

calculadora (f)	kalkulator	[kalkulator]
correio (m) de voz	penjawab telepon	[pendʒawab telepon]
despertador (m)	weker	[weker]
contatos (m pl)	buku telepon	[buku telepon]

| mensagem (f) de texto | pesan singkat | [pesan siŋkat] |
| assinante (m) | pelanggan | [pelaŋgan] |

81. Estacionário

| caneta (f) | bolpen | [bolpen] |
| caneta (f) tinteiro | pena celup | [pena tʃelup] |

lápis (m)	pensil	[pensil]
marcador (m) de texto	spidol	[spidol]
caneta (f) hidrográfica	spidol	[spidol]

| bloco (m) de notas | buku catatan | [buku tʃatatan] |
| agenda (f) | agenda | [agenda] |

régua (f)	mistar, penggaris	[mistar], [peŋaris]
calculadora (f)	kalkulator	[kalkulator]
borracha (f)	karet penghapus	[karet peŋhapus]

| alfinete (m) | paku payung | [paku pajuŋ] |
| clipe (m) | penjepit kertas | [pendʒepit kertas] |

cola (f)	lem	[lem]
grampeador (m)	stapler	[stapler]
furador (m) de papel	alat pelubang kertas	[alat pelubaŋ kertas]
apontador (m)	rautan pensil	[rautan pensil]

82. Tipos de negócios

serviços (m pl) de contabilidade	jasa akuntansi	[dʒʲasa akuntansi]
publicidade (f)	periklanan	[pəriklanan]
agência (f) de publicidade	biro periklanan	[biro pəriklanan]
ar (m) condicionado	penyejuk udara	[penjedʒʲuˀ udara]
companhia (f) aérea	maskapai penerbangan	[maskapaj penerbaŋan]
bebidas (f pl) alcoólicas	minuman beralkohol	[minuman bəralkohol]
comércio (m) de antiguidades	antikuariat	[antikuariat]
galeria (f) de arte	galeri seni	[galeri seni]
serviços (m pl) de auditoria	jasa audit	[dʒʲasa audit]
negócios (m pl) bancários	industri perbankan	[industri pərbankan]
bar (m)	bar	[bar]
salão (m) de beleza	salon kecantikan	[salon ketʃantikan]
livraria (f)	toko buku	[toko buku]
cervejaria (f)	pabrik bir	[pabriˀ bir]
centro (m) de escritórios	pusat bisnis	[pusat bisnis]
escola (f) de negócios	sekolah bisnis	[sekolah bisnis]
cassino (m)	kasino	[kasino]
construção (f)	pembangunan	[pembaŋunan]
consultoria (f)	jasa konsultasi	[dʒʲasa konsultasi]
clínica (f) dentária	klinik gigi	[kliniˀ gigi]
design (m)	desain	[desajn]
drogaria (f)	apotek, toko obat	[apotek], [toko obat]
lavanderia (f)	penatu kimia	[penatu kimia]
agência (f) de emprego	biro tenaga kerja	[biro tenaga kerdʒʲa]
serviços (m pl) financeiros	jasa finansial	[dʒʲasa finansial]
alimentos (m pl)	produk makanan	[produˀ makanan]
funerária (f)	rumah duka	[rumah duka]
mobiliário (m)	mebel	[mebel]
roupa (f)	pakaian, busana	[pakajan], [busana]
hotel (m)	hotel	[hotel]
sorvete (m)	es krim	[es krim]
indústria (f)	industri	[industri]
seguro (~ de vida, etc.)	asuransi	[asuransi]
internet (f)	Internet	[internet]
investimento (m)	investasi	[investasi]
joalheiro (m)	tukang perhiasan	[tukaŋ pərhiasan]
joias (f pl)	perhiasan	[pərhiasan]
lavanderia (f)	penatu	[penatu]
assessorias (f pl) jurídicas	penasihat hukum	[penasihat hukum]
indústria (f) ligeira	industri ringan	[industri riŋan]
revista (f)	majalah	[madʒʲalah]
vendas (f pl) por catálogo	perniagaan pesanan pos	[pərniagaˀan pesanan pos]
medicina (f)	kedokteran	[kedokteran]
cinema (m)	bioskop	[bioskop]

museu (m)	**museum**	[museum]
agência (f) de notícias	**kantor berita**	[kantor bərita]
jornal (m)	**koran**	[koran]
boate (casa noturna)	**klub malam**	[klub malam]
petróleo (m)	**petroleum, minyak**	[petroleum], [minja']
serviços (m pl) de remessa	**jasa kurir**	[dʒˈasa kurir]
indústria (f) farmacêutica	**farmasi**	[farmasi]
tipografia (f)	**percetakan**	[pərtʃetakan]
editora (f)	**penerbit**	[penerbit]
rádio (m)	**radio**	[radio]
imobiliário (m)	**properti, lahan yasan**	[properti], [lahan yasan]
restaurante (m)	**restoran**	[restoran]
empresa (f) de segurança	**biro keamanan**	[biro keamanan]
esporte (m)	**olahraga**	[olahraga]
bolsa (f) de valores	**bursa efek**	[bursa efe']
loja (f)	**toko**	[toko]
supermercado (m)	**pasar swalayan**	[pasar swalajan]
piscina (f)	**kolam renang**	[kolam renaŋ]
alfaiataria (f)	**rumah jahit**	[rumah dʒˈahit]
televisão (f)	**televisi**	[televisi]
teatro (m)	**teater**	[teater]
comércio (m)	**perdagangan**	[pərdagaŋan]
serviços (m pl) de transporte	**transportasi, angkutan**	[transportasi], [aŋkutan]
viagens (f pl)	**pariwisata**	[pariwisata]
veterinário (m)	**dokter hewan**	[dokter hewan]
armazém (m)	**gudang**	[gudaŋ]
recolha (f) do lixo	**pemungutan sampah**	[pemuŋutan sampah]

Emprego. Negócios. Parte 2

83. Espetáculo. Feira

feira, exposição (f)	**pameran**	[pameran]
feira (f) comercial	**pameran perdagangan**	[pameran pərdagaŋan]
participação (f)	**partisipasi**	[partisipasi]
participar (vi)	**turut serta**	[turut serta]
participante (m)	**partisipan, peserta**	[partisipan], [peserta]
diretor (m)	**direktur**	[direktur]
direção (f)	**biro penyelenggara kegiatan**	[biro peneleŋara kegiatan]
organizador (m)	**penyelenggara**	[penjeleŋara]
organizar (vt)	**menyelenggarakan**	[mənjeleŋarakan]
ficha (f) de inscrição	**formulir keikutsertaan**	[formulir keikutserta'an]
preencher (vt)	**mengisi**	[məŋisi]
detalhes (m pl)	**detail**	[detajl]
informação (f)	**informasi**	[informasi]
preço (m)	**harga**	[harga]
incluindo	**termasuk**	[tərmasu']
incluir (vt)	**mencakup**	[mənʧakup]
pagar (vt)	**membayar**	[membajar]
taxa (f) de inscrição	**biaya pendaftaran**	[biaja pendaftaran]
entrada (f)	**masuk**	[masu']
pavilhão (m), salão (f)	**paviliun**	[paviliun]
inscrever (vt)	**mendaftar**	[mendaftar]
crachá (m)	**label identitas**	[label identitas]
stand (m)	**stand**	[stand]
reservar (vt)	**memesan**	[memesan]
vitrine (f)	**dagang layar kaca**	[dagaŋ lajar katʃa]
lâmpada (f)	**lampu**	[lampu]
design (m)	**desain**	[desajn]
pôr (posicionar)	**menempatkan**	[mənempatkan]
ser colocado, -a	**diletakkan**	[dileta'kan]
distribuidor (m)	**penyalur**	[penjalur]
fornecedor (m)	**penyuplai**	[penyuplaj]
fornecer (vt)	**menyuplai**	[mənyuplaj]
país (m)	**negara, negeri**	[negara], [negeri]
estrangeiro (adj)	**asing**	[asiŋ]
produto (m)	**produk**	[produ']
associação (f)	**asosiasi, perhimpunan**	[asosiasi], [pərhimpunan]

sala (f) de conferência	gedung pertemuan	[geduŋ pərtemuan]
congresso (m)	kongres	[koŋres]
concurso (m)	kontes	[kontes]

visitante (m)	pengunjung	[peŋundʒʲuŋ]
visitar (vt)	mendatangi	[məndataŋi]
cliente (m)	pelanggan	[pelaŋgan]

84. Ciência. Investigação. Cientistas

ciência (f)	ilmu	[ilmu]
científico (adj)	ilmiah	[ilmiah]
cientista (m)	ilmuwan	[ilmuwan]
teoria (f)	teori	[teori]

axioma (m)	aksioma	[aksioma]
análise (f)	analisis	[analisis]
analisar (vt)	menganalisis	[məŋanalisis]
argumento (m)	argumen	[argumen]
substância (f)	zat, bahan	[zat], [bahan]

hipótese (f)	hipotesis	[hipotesis]
dilema (m)	dilema	[dilema]
tese (f)	disertasi	[disertasi]
dogma (m)	dogma	[dogma]

doutrina (f)	doktrin	[doktrin]
pesquisa (f)	riset, penelitian	[riset], [penelitian]
pesquisar (vt)	penelitian	[penelitian]
testes (m pl)	pengujian	[peŋudʒian]
laboratório (m)	laboratorium	[laboratorium]

método (m)	metode	[metode]
molécula (f)	molekul	[molekul]
monitoramento (m)	pemonitoran	[pemonitoran]
descoberta (f)	penemuan	[penemuan]

postulado (m)	postulat	[postulat]
princípio (m)	prinsip	[prinsip]
prognóstico (previsão)	prakiraan	[prakira'an]
prognosticar (vt)	memprakirakan	[memprakirakan]

síntese (f)	sintesis	[sintesis]
tendência (f)	tendensi	[tendensi]
teorema (m)	teorema	[teorema]

ensinamentos (m pl)	ajaran	[adʒʲaran]
fato (m)	fakta	[fakta]
expedição (f)	ekspedisi	[ekspedisi]
experiência (f)	eksperimen	[eksperimen]

acadêmico (m)	akademikus	[akademikus]
bacharel (m)	sarjana	[sardʒʲana]
doutor (m)	doktor	[doktor]

professor (m) associado	**Profesor Madya**	[profesor madja]
mestrado (m)	**Master**	[master]
professor (m)	**profesor**	[profesor]

Profissões e ocupações

85. Procura de emprego. Demissão

trabalho (m)	kerja, pekerjaan	[kerdʒ'a], [pekerdʒ'a'an]
equipe (f)	staf, personalia	[staf], [pərsonalia]
pessoal (m)	staf, personel	[staf], [pərsonel]
carreira (f)	karier	[karier]
perspectivas (f pl)	perspektif	[pərspektif]
habilidades (f pl)	keterampilan	[keterampilan]
seleção (f)	pilihan	[pilihan]
agência (f) de emprego	biro tenaga kerja	[biro tenaga kerdʒ'a]
currículo (m)	resume	[resume]
entrevista (f) de emprego	wawancara kerja	[wawantʃara kerdʒ'a]
vaga (f)	lowongan	[lowoŋan]
salário (m)	gaji, upah	[gadʒi], [upah]
salário (m) fixo	gaji tetap	[gadʒi tetap]
pagamento (m)	bayaran	[bajaran]
cargo (m)	jabatan	[dʒ'abatan]
dever (do empregado)	tugas	[tugas]
gama (f) de deveres	bidang tugas	[bidaŋ tugas]
ocupado (adj)	sibuk	[sibu']
despedir, demitir (vt)	memecat	[memetʃat]
demissão (f)	pemecatan	[pemetʃatan]
desemprego (m)	pengangguran	[peŋaŋguran]
desempregado (m)	penganggur	[peŋaŋgur]
aposentadoria (f)	pensiun	[pensiun]
aposentar-se (vr)	pensiun	[pensiun]

86. Gente de negócios

diretor (m)	direktur	[direktur]
gerente (m)	manajer	[manadʒ'er]
patrão, chefe (m)	bos, atasan	[bos], [atasan]
superior (m)	atasan	[atasan]
superiores (m pl)	atasan	[atasan]
presidente (m)	presiden	[presiden]
chairman (m)	ketua, dirut	[ketua], [dirut]
substituto (m)	wakil	[wakil]
assistente (m)	asisten	[asisten]

secretário (m)	sekretaris	[sekretaris]
secretário (m) pessoal	asisten pribadi	[asisten pribadi]
homem (m) de negócios	pengusaha, pebisnis	[peŋusaha], [pebisnis]
empreendedor (m)	pengusaha	[peŋusaha]
fundador (m)	pendiri	[pendiri]
fundar (vt)	mendirikan	[məndirikan]
principiador (m)	pendiri	[pendiri]
parceiro, sócio (m)	mitra	[mitra]
acionista (m)	pemegang saham	[pemegaŋ saham]
milionário (m)	jutawan	[dʒˈutawan]
bilionário (m)	miliarder	[miliarder]
proprietário (m)	pemilik	[pemiliʔ]
proprietário (m) de terras	tuan tanah	[tuan tanah]
cliente (m)	klien	[klien]
cliente (m) habitual	klien tetap	[klien tetap]
comprador (m)	pembeli	[pembeli]
visitante (m)	tamu	[tamu]
profissional (m)	profesional	[profesional]
perito (m)	pakar, ahli	[pakar], [ahli]
especialista (m)	spesialis, ahli	[spesialis], [ahli]
banqueiro (m)	bankir	[bankir]
corretor (m)	broker, pialang	[broker], [pialaŋ]
caixa (m, f)	kasir	[kasir]
contador (m)	akuntan	[akuntan]
guarda (m)	satpam, pengawal	[satpam], [peŋawal]
investidor (m)	investor	[investor]
devedor (m)	debitur	[debitur]
credor (m)	kreditor	[kreditor]
mutuário (m)	peminjam	[pemindʒˈam]
importador (m)	importir	[importir]
exportador (m)	eksportir	[eksportir]
produtor (m)	produsen	[produsen]
distribuidor (m)	penyalur	[penjalur]
intermediário (m)	perantara	[pərantara]
consultor (m)	konsultan	[konsultan]
representante comercial	perwakilan penjualan	[pərwakilan pendʒˈualan]
agente (m)	agen	[agen]
agente (m) de seguros	agen asuransi	[agen asuransi]

87. Profissões de serviços

cozinheiro (m)	koki, juru masak	[koki], [dʒˈuru masaʔ]
chefe (m) de cozinha	koki kepala	[koki kepala]

padeiro (m)	pembuat roti	[pembuat roti]
barman (m)	pelayan bar	[pelajan bar]
garçom (m)	pelayan lelaki	[pelajan lelaki]
garçonete (f)	pelayan perempuan	[pelajan pərempuan]

advogado (m)	advokat, pengacara	[advokat], [peŋatʃara]
jurista (m)	ahli hukum	[ahli hukum]
notário (m)	notaris	[notaris]

eletricista (m)	tukang listrik	[tukaŋ listriʔ]
encanador (m)	tukang pipa	[tukaŋ pipa]
carpinteiro (m)	tukang kayu	[tukaŋ kaju]

massagista (m)	tukang pijat lelaki	[tukaŋ pidʒiat lelaki]
massagista (f)	tukang pijat perempuan	[tukaŋ pidʒiat pərempuan]
médico (m)	dokter	[dokter]

taxista (m)	sopir taksi	[sopir taksi]
condutor (automobilista)	sopir	[sopir]
entregador (m)	kurir	[kurir]

camareira (f)	pelayan kamar	[pelajan kamar]
guarda (m)	satpam, pengawal	[satpam], [peŋawal]
aeromoça (f)	pramugari	[pramugari]

professor (m)	guru	[guru]
bibliotecário (m)	pustakawan	[pustakawan]
tradutor (m)	penerjemah	[penerdʒiemah]
intérprete (m)	juru bahasa	[dʒiuru bahasa]
guia (m)	pemandu wisata	[pemandu wisata]

cabeleireiro (m)	tukang cukur	[tukaŋ tʃukur]
carteiro (m)	tukang pos	[tukaŋ pos]
vendedor (m)	pramuniaga	[pramuniaga]

jardineiro (m)	tukang kebun	[tukaŋ kebun]
criado (m)	pramuwisma	[pramuwisma]
criada (f)	pramuwisma	[pramuwisma]
empregada (f) de limpeza	pembersih ruangan	[pembersih ruaŋan]

88. Profissões militares e postos

soldado (m) raso	prajurit	[pradʒiurit]
sargento (m)	sersan	[sersan]
tenente (m)	letnan	[letnan]
capitão (m)	kapten	[kapten]

major (m)	mayor	[major]
coronel (m)	kolonel	[kolonel]
general (m)	jenderal	[dʒienderal]
marechal (m)	marsekal	[marsekal]
almirante (m)	laksamana	[laksamana]
militar (m)	anggota militer	[aŋgota militer]
soldado (m)	tentara, serdadu	[tentara], [serdadu]

oficial (m)	perwira	[pərwira]
comandante (m)	komandan	[komandan]

guarda (m) de fronteira	penjaga perbatasan	[penʤⁱaga pərbatasan]
operador (m) de rádio	operator radio	[operator radio]
explorador (m)	pengintai	[peɲintaj]
sapador-mineiro (m)	pencari ranjau	[penʧari ranʤⁱau]
atirador (m)	petembak	[petembaʔ]
navegador (m)	navigator, penavigasi	[navigator], [penavigasi]

89. Oficiais. Padres

rei (m)	raja	[raʤⁱa]
rainha (f)	ratu	[ratu]

príncipe (m)	pangeran	[paŋeran]
princesa (f)	putri	[putri]

czar (m)	tsar, raja	[tsar], [raʤⁱa]
czarina (f)	tsarina, ratu	[tsarina], [ratu]

presidente (m)	presiden	[presiden]
ministro (m)	Menteri Sekretaris	[mənteri sekretaris]
primeiro-ministro (m)	perdana menteri	[pərdana menteri]
senador (m)	senator	[senator]

diplomata (m)	diplomat	[diplomat]
cônsul (m)	konsul	[konsul]
embaixador (m)	duta besar	[duta besar]
conselheiro (m)	penasihat	[penasihat]

funcionário (m)	petugas	[petugas]
prefeito (m)	prefek	[prefeʔ]
Presidente (m) da Câmara	walikota	[walikota]

juiz (m)	hakim	[hakim]
procurador (m)	kejaksaan negeri	[keʤⁱaksaʔan negeri]

missionário (m)	misionaris	[misionaris]
monge (m)	biarawan, rahib	[biarawan], [rahib]
abade (m)	abbas	[abbas]
rabino (m)	rabbi	[rabbi]

vizir (m)	wazir	[wazir]
xá (m)	syah	[ʃah]
xeique (m)	syeikh	[ʃejh]

90. Profissões agrícolas

abelheiro (m)	peternak lebah	[peterna' lebah]
pastor (m)	penggembala	[peŋgembala]
agrônomo (m)	agronom	[agronom]

criador (m) de gado	**peternak**	[peternaʔ]
veterinário (m)	**dokter hewan**	[dokter hewan]
agricultor, fazendeiro (m)	**petani**	[petani]
vinicultor (m)	**pembuat anggur**	[pembuat aŋgur]
zoólogo (m)	**zoolog**	[zoolog]
vaqueiro (m)	**koboi**	[koboi]

91. Profissões artísticas

ator (m)	**aktor**	[aktor]
atriz (f)	**aktris**	[aktris]
cantor (m)	**biduan**	[biduan]
cantora (f)	**biduanita**	[biduanita]
bailarino (m)	**penari lelaki**	[penari lelaki]
bailarina (f)	**penari perempuan**	[penari perempuan]
artista (m)	**artis**	[artis]
artista (f)	**artis**	[artis]
músico (m)	**musisi, musikus**	[musisi], [musikus]
pianista (m)	**pianis**	[pianis]
guitarrista (m)	**pemain gitar**	[pemajn gitar]
maestro (m)	**konduktor**	[konduktor]
compositor (m)	**komposer, komponis**	[komposer], [komponis]
empresário (m)	**impresario**	[impresario]
diretor (m) de cinema	**sutradara**	[sutradara]
produtor (m)	**produser**	[produser]
roteirista (m)	**penulis skenario**	[penulis skenario]
crítico (m)	**kritikus**	[kritikus]
escritor (m)	**penulis**	[penulis]
poeta (m)	**penyair**	[penjajr]
escultor (m)	**pematung**	[pematuŋ]
pintor (m)	**perupa**	[perupa]
malabarista (m)	**juggler**	[dʒʲuggler]
palhaço (m)	**badut**	[badut]
acrobata (m)	**akrobat**	[akrobat]
ilusionista (m)	**pesulap**	[pesulap]

92. Várias profissões

médico (m)	**dokter**	[dokter]
enfermeira (f)	**suster, juru rawat**	[suster], [dʒʲuru rawat]
psiquiatra (m)	**psikiater**	[psikiater]
dentista (m)	**dokter gigi**	[dokter gigi]
cirurgião (m)	**dokter bedah**	[dokter bedah]

astronauta (m)	astronaut	[astronaut]
astrônomo (m)	astronom	[astronom]
piloto (m)	pilot	[pilot]
motorista (m)	sopir	[sopir]
maquinista (m)	masinis	[masinis]
mecânico (m)	mekanik	[mekaniʔ]
mineiro (m)	penambang	[penambaŋ]
operário (m)	buruh, pekerja	[buruh], [pekerdʒia]
serralheiro (m)	tukang kikir	[tukaŋ kikir]
marceneiro (m)	tukang kayu	[tukaŋ kaju]
torneiro (m)	tukang bubut	[tukaŋ bubut]
construtor (m)	buruh bangunan	[buruh baŋunan]
soldador (m)	tukang las	[tukaŋ las]
professor (m)	profesor	[profesor]
arquiteto (m)	arsitek	[arsiteʔ]
historiador (m)	sejarawan	[sedʒiarawan]
cientista (m)	ilmuwan	[ilmuwan]
físico (m)	fisikawan	[fisikawan]
químico (m)	kimiawan	[kimiawan]
arqueólogo (m)	arkeolog	[arkeolog]
geólogo (m)	geolog	[geolog]
pesquisador (cientista)	periset, peneliti	[pəriset], [peneliti]
babysitter, babá (f)	pengasuh anak	[peŋasuh anaʔ]
professor (m)	guru, pendidik	[guru], [pendidiʔ]
redator (m)	editor, penyunting	[editor], [penyuntiŋ]
redator-chefe (m)	editor kepala	[editor kepala]
correspondente (m)	koresponden	[koresponden]
datilógrafa (f)	juru ketik	[dʒuru ketiʔ]
designer (m)	desainer, perancang	[desajner], [pərantʃaŋ]
especialista (m) em informática	ahli komputer	[ahli komputer]
programador (m)	pemrogram	[pemrogram]
engenheiro (m)	insinyur	[insinyur]
marujo (m)	pelaut	[pelaut]
marinheiro (m)	kelasi	[kelasi]
socorrista (m)	penyelamat	[penjelamat]
bombeiro (m)	pemadam kebakaran	[pemadam kebakaran]
polícia (m)	polisi	[polisi]
guarda-noturno (m)	penjaga	[pendʒiaga]
detetive (m)	detektif	[detektif]
funcionário (m) da alfândega	petugas pabean	[petugas pabean]
guarda-costas (m)	pengawal pribadi	[peŋawal pribadi]
guarda (m) prisional	sipir, penjaga penjara	[sipir], [pendʒiaga pendʒiara]
inspetor (m)	inspektur	[inspektur]
esportista (m)	olahragawan	[olahragawan]
treinador (m)	pelatih	[pelatih]

açougueiro (m)	tukang daging	[tukaŋ dagiŋ]
sapateiro (m)	tukang sepatu	[tukaŋ sepatu]
comerciante (m)	pedagang	[pedagaŋ]
carregador (m)	kuli	[kuli]
estilista (m)	perancang busana	[pərantʃaŋ busana]
modelo (f)	peragawati	[pəragawati]

93. Ocupações. Estatuto social

estudante (~ de escola)	siswa	[siswa]
estudante (~ universitária)	mahasiswa	[mahasiswa]
filósofo (m)	filsuf	[filsuf]
economista (m)	ahli ekonomi	[ahli ekonomi]
inventor (m)	penemu	[penemu]
desempregado (m)	pengganggur	[peŋgaŋgur]
aposentado (m)	pensiunan	[pensiunan]
espião (m)	mata-mata	[mata-mata]
preso, prisioneiro (m)	tahanan	[tahanan]
grevista (m)	pemogok	[pemogoʔ]
burocrata (m)	birokrat	[birokrat]
viajante (m)	pelancong	[pelantʃoŋ]
homossexual (m)	homo, homoseksual	[homo], [homoseksual]
hacker (m)	peretas	[peretas]
hippie (m, f)	hipi	[hipi]
bandido (m)	bandit	[bandit]
assassino (m)	pembunuh bayaran	[pembunuh bajaran]
drogado (m)	pecandu narkoba	[petʃandu narkoba]
traficante (m)	pengedar narkoba	[peŋedar narkoba]
prostituta (f)	pelacur	[pelatʃur]
cafetão (m)	germo	[germo]
bruxo (m)	penyihir lelaki	[penjihir lelaki]
bruxa (f)	penyihir perempuan	[penjihir perempuan]
pirata (m)	bajak laut	[badʒaʔ laut]
escravo (m)	budak	[budaʔ]
samurai (m)	samurai	[samuraj]
selvagem (m)	orang primitif	[oraŋ primitif]

Educação

94. Escola

escola (f)	sekolah	[sekolah]
diretor (m) de escola	kepala sekolah	[kepala sekolah]
aluno (m)	murid laki-laki	[murid laki-laki]
aluna (f)	murid perempuan	[murid perempuan]
estudante (m)	siswa	[siswa]
estudante (f)	siswi	[siswi]
ensinar (vt)	mengajar	[məŋadʒʲar]
aprender (vt)	belajar	[beladʒʲar]
decorar (vt)	menghafalkan	[məŋhafalkan]
estudar (vi)	belajar	[beladʒʲar]
estar na escola	bersekolah	[bərsekolah]
ir à escola	ke sekolah	[ke sekolah]
alfabeto (m)	alfabet, abjad	[alfabet], [abdʒʲad]
disciplina (f)	subjek, mata pelajaran	[subdʒʲek], [mata peladʒʲaran]
sala (f) de aula	ruang kelas	[ruaŋ kelas]
lição, aula (f)	pelajaran	[peladʒʲaran]
recreio (m)	waktu istirahat	[waktu istirahat]
toque (m)	lonceng	[lontʃeŋ]
classe (f)	bangku sekolah	[baŋku sekolah]
quadro (m) negro	papan tulis hitam	[papan tulis hitam]
nota (f)	nilai	[nilaj]
boa nota (f)	nilai baik	[nilaj bajʔ]
nota (f) baixa	nilai jelek	[nilaj dʒʲeleʔ]
dar uma nota	memberikan nilai	[memberikan nilaj]
erro (m)	kesalahan	[kesalahan]
errar (vi)	melakukan kesalahan	[melakukan kesalahan]
corrigir (~ um erro)	mengoreksi	[məŋoreksi]
cola (f)	contekan	[tʃontekan]
dever (m) de casa	pekerjaan rumah	[pekerdʒʲaʔan rumah]
exercício (m)	latihan	[latihan]
estar presente	hadir	[hadir]
estar ausente	absen, tidak hadir	[absen], [tidaʔ hadir]
faltar às aulas	absen dari sekolah	[absen dari sekolah]
punir (vt)	menghukum	[məŋhukum]
punição (f)	hukuman	[hukuman]
comportamento (m)	perilaku	[pərilaku]

boletim (m) escolar	rapor	[rapor]
lápis (m)	pensil	[pensil]
borracha (f)	karet penghapus	[karet peɳhapus]
giz (m)	kapur	[kapur]
porta-lápis (m)	kotak pensil	[kota' pensil]

mala, pasta, mochila (f)	tas sekolah	[tas sekolah]
caneta (f)	pen	[pen]
caderno (m)	buku tulis	[buku tulis]
livro (m) didático	buku pelajaran	[buku peladʒiaran]
compasso (m)	paser, jangka	[paser], [dʒiaŋka]

traçar (vt)	menggambar	[məŋgambar]
desenho (m) técnico	gambar teknik	[gambar tekni']

poesia (f)	puisi, sajak	[puisi], [sadʒia']
de cor	hafal	[hafal]
decorar (vt)	menghafalkan	[məŋhafalkan]

férias (f pl)	liburan sekolah	[liburan sekolah]
estar de férias	berlibur	[bərlibur]
passar as férias	menjalani liburan	[məndʒialani liburan]

teste (m), prova (f)	tes, kuis	[tes], [kuis]
redação (f)	esai, karangan	[esaj], [karaŋan]
ditado (m)	dikte	[dikte]
exame (m), prova (f)	ujian	[udʒian]
fazer prova	menempuh ujian	[mənempuh udʒian]
experiência (~ química)	eksperimen	[eksperimen]

95. Colégio. Universidade

academia (f)	akademi	[akademi]
universidade (f)	universitas	[universitas]
faculdade (f)	fakultas	[fakultas]

estudante (m)	mahasiswa	[mahasiswa]
estudante (f)	mahasiswi	[mahasiswi]
professor (m)	dosen	[dosen]

auditório (m)	ruang kuliah	[ruaŋ kuliah]
graduado (m)	lulusan	[lulusan]

diploma (m)	ijazah	[idʒiazah]
tese (f)	disertasi	[disertasi]

estudo (obra)	penelitian	[penelitian]
laboratório (m)	laboratorium	[laboratorium]

palestra (f)	kuliah	[kuliah]
colega (m) de curso	rekan sekuliah	[rekan sekuliah]

bolsa (f) de estudos	beasiswa	[beasiswa]
grau (m) acadêmico	gelar akademik	[gelar akademi']

96. Ciências. Disciplinas

matemática (f)	matematika	[matematika]
álgebra (f)	aljabar	[aldʒabar]
geometria (f)	geometri	[geometri]
astronomia (f)	astronomi	[astronomi]
biologia (f)	biologi	[biologi]
geografia (f)	geografi	[geografi]
geologia (f)	geologi	[geologi]
história (f)	sejarah	[sedʒarah]
medicina (f)	kedokteran	[kedokteran]
pedagogia (f)	pedagogi	[pedagogi]
direito (m)	hukum	[hukum]
física (f)	fisika	[fisika]
química (f)	kimia	[kimia]
filosofia (f)	filsafat	[filsafat]
psicologia (f)	psikologi	[psikologi]

97. Sistema de escrita. Ortografia

gramática (f)	tatabahasa	[tatabahasa]
vocabulário (m)	kosakata	[kosakata]
fonética (f)	fonetik	[foneti']
substantivo (m)	nomina	[nomina]
adjetivo (m)	adjektiva	[adʒektiva]
verbo (m)	verba	[verba]
advérbio (m)	adverbia	[adverbia]
pronome (m)	kata ganti	[kata ganti]
interjeição (f)	kata seru	[kata seru]
preposição (f)	preposisi, kata depan	[preposisi], [kata depan]
raiz (f)	kata dasar	[kata dasar]
terminação (f)	akhiran	[ahiran]
prefixo (m)	prefiks, awalan	[prefiks], [awalan]
sílaba (f)	suku kata	[suku kata]
sufixo (m)	sufiks, akhiran	[sufiks], [ahiran]
acento (m)	tanda tekanan	[tanda tekanan]
apóstrofo (f)	apostrofi	[apostrofi]
ponto (m)	titik	[titi']
vírgula (f)	koma	[koma]
ponto e vírgula (m)	titik koma	[titi' koma]
dois pontos (m pl)	titik dua	[titi' dua]
reticências (f pl)	elipsis, lesapan	[elipsis], [lesapan]
ponto (m) de interrogação	tanda tanya	[tanda tanja]
ponto (m) de exclamação	tanda seru	[tanda seru]

aspas (f pl)	tanda petik	[tanda peti']
entre aspas	dalam tanda petik	[dalam tanda peti']
parênteses (m pl)	tanda kurung	[tanda kuruŋ]
entre parênteses	dalam tanda kurung	[dalam tanda kuruŋ]
hífen (m)	tanda pisah	[tanda pisah]
travessão (m)	tanda hubung	[tanda hubuŋ]
espaço (m)	spasi	[spasi]
letra (f)	huruf	[huruf]
letra (f) maiúscula	huruf kapital	[huruf kapital]
vogal (f)	vokal	[vokal]
consoante (f)	konsonan	[konsonan]
frase (f)	kalimat	[kalimat]
sujeito (m)	subjek	[subdʒie']
predicado (m)	predikat	[predikat]
linha (f)	baris	[baris]
em uma nova linha	di baris baru	[di baris baru]
parágrafo (m)	alinea, paragraf	[alinea], [paragraf]
palavra (f)	kata	[kata]
grupo (m) de palavras	rangkaian kata	[raŋkajan kata]
expressão (f)	ungkapan	[uŋkapan]
sinônimo (m)	sinonim	[sinonim]
antônimo (m)	antonim	[antonim]
regra (f)	peraturan	[pəraturan]
exceção (f)	perkecualian	[pərketʃualian]
correto (adj)	benar, betul	[benar], [betul]
conjugação (f)	konjugasi	[kondʒiugasi]
declinação (f)	deklinasi	[deklinasi]
caso (m)	kasus nominal	[kasus nominal]
pergunta (f)	pertanyaan	[pərtanja'an]
sublinhar (vt)	menggaris bawahi	[məŋgaris bawahi]
linha (f) pontilhada	garis bertitik	[garis bərtiti']

98. Línguas estrangeiras

língua (f)	bahasa	[bahasa]
estrangeiro (adj)	asing	[asiŋ]
língua (f) estrangeira	bahasa asing	[bahasa asiŋ]
estudar (vt)	mempelajari	[mempeladʒiari]
aprender (vt)	belajar	[beladʒiar]
ler (vt)	membaca	[membatʃa]
falar (vi)	berbicara	[bərbitʃara]
entender (vt)	mengerti	[məŋerti]
escrever (vt)	menulis	[mənulis]
rapidamente	cepat, fasih	[tʃepat], [fasih]
devagar, lentamente	perlahan-lahan	[pərlahan-lahan]

fluentemente	**fasih**	[fasih]
regras (f pl)	**peraturan**	[pəraturan]
gramática (f)	**tatabahasa**	[tatabahasa]
vocabulário (m)	**kosakata**	[kosakata]
fonética (f)	**fonetik**	[foneti⁷]
livro (m) didático	**buku pelajaran**	[buku peladʒⁱaran]
dicionário (m)	**kamus**	[kamus]
manual (m) autodidático	**buku autodidak**	[buku autodida⁷]
guia (m) de conversação	**panduan percakapan**	[panduan pərtʃakapan]
fita (f) cassete	**kaset**	[kaset]
videoteipe (m)	**kaset video**	[kaset video]
CD (m)	**cakram kompak**	[tʃakram kompa⁷]
DVD (m)	**cakram DVD**	[tʃakram di-vi-di]
alfabeto (m)	**alfabet, abjad**	[alfabet], [abdʒⁱad]
soletrar (vt)	**mengeja**	[məŋedʒⁱa]
pronúncia (f)	**pelafalan**	[pelafalan]
sotaque (m)	**aksen**	[aksen]
com sotaque	**dengan aksen**	[deŋan aksen]
sem sotaque	**tanpa aksen**	[tanpa aksen]
palavra (f)	**kata**	[kata]
sentido (m)	**arti**	[arti]
curso (m)	**kursus**	[kursus]
inscrever-se (vr)	**Mendaftar**	[məndaftar]
professor (m)	**guru**	[guru]
tradução (processo)	**penerjemahan**	[penerdʒⁱemahan]
tradução (texto)	**terjemahan**	[tərdʒⁱemahan]
tradutor (m)	**penerjemah**	[penerdʒⁱemah]
intérprete (m)	**juru bahasa**	[dʒⁱuru bahasa]
poliglota (m)	**poliglot**	[poliglot]
memória (f)	**memori, daya ingat**	[memori], [daja iŋat]

Descanso. Entretenimento. Viagens

99. Viagens

turismo (m)	pariwisata	[pariwisata]
turista (m)	turis, wisatawan	[turis], [wisatawan]
viagem (f)	pengembaraan	[peŋembara'an]
aventura (f)	petualangan	[petualaŋan]
percurso (curta viagem)	perjalanan, lawatan	[pərdʒ'alanan], [lawatan]
férias (f pl)	liburan	[liburan]
estar de férias	berlibur	[bərlibur]
descanso (m)	istirahat	[istirahat]
trem (m)	kereta api	[kereta api]
de trem (chegar ~)	naik kereta api	[nai' kereta api]
avião (m)	pesawat terbang	[pesawat tərbaŋ]
de avião	naik pesawat terbang	[nai' pesawat tərbaŋ]
de carro	naik mobil	[nai' mobil]
de navio	naik kapal	[nai' kapal]
bagagem (f)	bagasi	[bagasi]
mala (f)	koper	[koper]
carrinho (m)	troli bagasi	[troli bagasi]
passaporte (m)	paspor	[paspor]
visto (m)	visa	[visa]
passagem (f)	tiket	[tiket]
passagem (f) aérea	tiket pesawat terbang	[tiket pesawat tərbaŋ]
guia (m) de viagem	buku pedoman	[buku pedoman]
mapa (m)	peta	[peta]
área (f)	kawasan	[kawasan]
lugar (m)	tempat	[tempat]
exotismo (m)	keeksotisan	[keeksotisan]
exótico (adj)	eksotis	[eksotis]
surpreendente (adj)	menakjubkan	[mənakdʒ'ubkan]
grupo (m)	kelompok	[kelompo']
excursão (f)	ekskursi	[ekskursi]
guia (m)	pemandu wisata	[pemandu wisata]

100. Hotel

hotel (m), hospedaria (f)	hotel	[hotel]
motel (m)	motel	[motel]
três estrelas	bintang tiga	[bintaŋ tiga]

| cinco estrelas | bintang lima | [bintaŋ lima] |
| ficar (vi, vt) | menginap | [mǝŋinap] |

quarto (m)	kamar	[kamar]
quarto (m) individual	kamar tunggal	[kamar tuŋgal]
quarto (m) duplo	kamar ganda	[kamar ganda]
reservar um quarto	memesan kamar	[memesan kamar]

| meia pensão (f) | sewa setengah | [sewa seteŋah] |
| pensão (f) completa | sewa penuh | [sewa penuh] |

com banheira	dengan kamar mandi	[deŋan kamar mandi]
com chuveiro	dengan pancuran	[deŋan pantʃuran]
televisão (m) por satélite	televisi satelit	[televisi satelit]
ar (m) condicionado	penyejuk udara	[penjedʒ'u' udara]
toalha (f)	handuk	[handu']
chave (f)	kunci	[kuntʃi]

administrador (m)	administrator	[administrator]
camareira (f)	pelayan kamar	[pelajan kamar]
bagageiro (m)	porter	[porter]
porteiro (m)	pramupintu	[pramupintu]

restaurante (m)	restoran	[restoran]
bar (m)	bar	[bar]
café (m) da manhã	makan pagi, sarapan	[makan pagi], [sarapan]
jantar (m)	makan malam	[makan malam]
bufê (m)	prasmanan	[prasmanan]

| saguão (m) | lobi | [lobi] |
| elevador (m) | elevator | [elevator] |

| NÃO PERTURBE | JANGAN MENGGANGGU | [dʒ'aŋan mǝŋgaŋgu] |
| PROIBIDO FUMAR! | DILARANG MEROKOK! | [dilaraŋ meroko'!] |

EQUIPAMENTO TÉCNICO. TRANSPORTES

Equipamento técnico. Transportes

101. Computador

computador (m)	komputer	[komputer]
computador (m) portátil	laptop	[laptop]
ligar (vt)	menyalakan	[mənjalakan]
desligar (vt)	mematikan	[mematikan]
teclado (m)	keyboard, papan tombol	[keybor], [papan tombol]
tecla (f)	tombol	[tombol]
mouse (m)	tetikus	[tetikus]
tapete (m) para mouse	bantal tetikus	[bantal tetikus]
botão (m)	tombol	[tombol]
cursor (m)	kursor	[kursor]
monitor (m)	monitor	[monitor]
tela (f)	layar	[lajar]
disco (m) rígido	hard disk, cakram keras	[hard disk], [tʃakram keras]
capacidade (f) do disco rígido	kapasitas cakram keras	[kapasitas tʃakram keras]
memória (f)	memori	[memori]
memória RAM (f)	memori akses acak	[memori akses atʃaʔ]
arquivo (m)	file, berkas	[file], [bərkas]
pasta (f)	folder	[folder]
abrir (vt)	membuka	[membuka]
fechar (vt)	menutup	[mənutup]
salvar (vt)	menyimpan	[mənjimpan]
deletar (vt)	menghapus	[mənhapus]
copiar (vt)	menyalin	[mənjalin]
ordenar (vt)	menyortir	[mənjortir]
copiar (vt)	mentransfer	[məntransfer]
programa (m)	program	[program]
software (m)	perangkat lunak	[pəraŋkat lunaʔ]
programador (m)	pemrogram	[pemrogram]
programar (vt)	memprogram	[memprogram]
hacker (m)	peretas	[pəretas]
senha (f)	kata sandi	[kata sandi]
vírus (m)	virus	[virus]
detectar (vt)	mendeteksi	[məndeteksi]
byte (m)	bita	[bita]

megabyte (m)	megabita	[megabita]
dados (m pl)	data	[data]
base (f) de dados	basis data, pangkalan data	[basis data], [paŋkalan data]

cabo (m)	kabel	[kabel]
desconectar (vt)	melepaskan	[melepaskan]
conectar (vt)	menyambungkan	[mənjambuŋkan]

102. Internet. E-mail

internet (f)	Internet	[internet]
browser (m)	peramban	[pəramban]
motor (m) de busca	mesin telusur	[mesin telusur]
provedor (m)	provider	[provider]

webmaster (m)	webmaster, perancang web	[webmaster], [pərantʃaŋ web]
website (m)	situs web	[situs web]
web page (f)	halaman web	[halaman web]

| endereço (m) | alamat | [alamat] |
| livro (m) de endereços | buku alamat | [buku alamat] |

caixa (f) de correio	kotak surat	[kota’ surat]
correio (m)	surat	[surat]
cheia (caixa de correio)	penuh	[penuh]

mensagem (f)	pesan	[pesan]
mensagens (f pl) recebidas	pesan masuk	[pesan masu’]
mensagens (f pl) enviadas	pesan keluar	[pesan keluar]

remetente (m)	pengirim	[peŋirim]
enviar (vt)	mengirim	[məŋirim]
envio (m)	pengiriman	[peŋiriman]

| destinatário (m) | penerima | [penerima] |
| receber (vt) | menerima | [mənerima] |

| correspondência (f) | surat-menyurat | [surat-menyurat] |
| corresponder-se (vr) | surat-menyurat | [surat-menyurat] |

arquivo (m)	file, berkas	[file], [bərkas]
fazer download, baixar (vt)	mengunduh	[məŋunduh]
criar (vt)	membuat	[membuat]
deletar (vt)	menghapus	[məŋhapus]
deletado (adj)	terhapus	[tərhapus]

conexão (f)	koneksi	[koneksi]
velocidade (f)	kecepatan	[ketʃepatan]
modem (m)	modem	[modem]
acesso (m)	akses	[akses]
porta (f)	porta	[porta]

| conexão (f) | koneksi | [koneksi] |
| conectar (vi) | terhubung ke ... | [tərhubuŋ ke ...] |

| escolher (vt) | memilih | [memilih] |
| buscar (vt) | mencari ... | [mənʧari ...] |

103. Eletricidade

eletricidade (f)	listrik	[listriʔ]
elétrico (adj)	listrik	[listriʔ]
planta (f) elétrica	pembangkit listrik	[pembaŋkit listriʔ]
energia (f)	energi, tenaga	[energi], [tenaga]
energia (f) elétrica	tenaga listrik	[tenaga listriʔ]

lâmpada (f)	bohlam	[bohlam]
lanterna (f)	lentera	[lentera]
poste (m) de iluminação	lampu jalan	[lampu dʒalan]

luz (f)	lampu	[lampu]
ligar (vt)	menyalakan	[mənjalakan]
desligar (vt)	mematikan	[mematikan]
apagar a luz	mematikan lampu	[mematikan lampu]

queimar (vi)	mati	[mati]
curto-circuito (m)	korsleting	[korsletiŋ]
ruptura (f)	kabel putus	[kabel putus]
contato (m)	kontak	[kontaʔ]

interruptor (m)	sakelar	[sakelar]
tomada (de parede)	colokan	[ʧolokan]
plugue (m)	steker	[steker]
extensão (f)	kabel ekstensi	[kabel ekstensi]

fusível (m)	sekering	[sekeriŋ]
fio, cabo (m)	kabel, kawat	[kabel], [kawat]
instalação (f) elétrica	rangkaian kabel	[raŋkajan kabel]

ampère (m)	ampere	[ampere]
amperagem (f)	kuat arus listrik	[kuat arus listriʔ]
volt (m)	volt	[volt]
voltagem (f)	voltase	[voltase]

| aparelho (m) elétrico | perkakas listrik | [pərkakas listriʔ] |
| indicador (m) | indikator | [indikator] |

eletricista (m)	tukang listrik	[tukaŋ listriʔ]
soldar (vt)	mematri	[mematri]
soldador (m)	besi solder	[besi solder]
corrente (f) elétrica	arus listrik	[arus listriʔ]

104. Ferramentas

ferramenta (f)	alat	[alat]
ferramentas (f pl)	peralatan	[pəralatan]
equipamento (m)	perlengkapan	[pərleŋkapan]

martelo (m)	**martil, palu**	[martil], [palu]
chave (f) de fenda	**obeng**	[obeŋ]
machado (m)	**kapak**	[kapaʔ]
serra (f)	**gergaji**	[gergaʤi]
serrar (vt)	**menggergaji**	[məŋgergaʤi]
plaina (f)	**serut**	[serut]
aplainar (vt)	**menyerut**	[mənjerut]
soldador (m)	**besi solder**	[besi solder]
soldar (vt)	**mematri**	[mematri]
lima (f)	**kikir**	[kikir]
tenaz (f)	**tang**	[taŋ]
alicate (m)	**catut**	[ʧatut]
formão (m)	**pahat**	[pahat]
broca (f)	**mata bor**	[mata bor]
furadeira (f) elétrica	**bor listrik**	[bor listriʔ]
furar (vt)	**mengebor**	[məŋebor]
faca (f)	**pisau**	[pisau]
lâmina (f)	**mata pisau**	[mata pisau]
afiado (adj)	**tajam**	[taʤ¡am]
cego (adj)	**tumpul**	[tumpul]
embotar-se (vr)	**menjadi tumpul**	[mənʤ¡adi tumpul]
afiar, amolar (vt)	**mengasah**	[məŋasah]
parafuso (m)	**baut**	[baut]
porca (f)	**mur**	[mur]
rosca (f)	**ulir**	[ulir]
parafuso (para madeira)	**sekrup**	[sekrup]
prego (m)	**paku**	[paku]
cabeça (f) do prego	**paku payung**	[paku pajuŋ]
régua (f)	**mistar, penggaris**	[mistar], [peŋgaris]
fita (f) métrica	**meteran**	[meteran]
nível (m)	**pengukur kedataran**	[peŋukur kedataran]
lupa (f)	**kaca pembesar**	[kaʧa pembesar]
medidor (m)	**alat ukur**	[alat ukur]
medir (vt)	**mengukur**	[məŋukur]
escala (f)	**skala**	[skala]
indicação (f), registro (m)	**pencatatan**	[penʧatatan]
compressor (m)	**kompresor**	[kompresor]
microscópio (m)	**mikroskop**	[mikroskop]
bomba (f)	**pompa**	[pompa]
robô (m)	**robot**	[robot]
laser (m)	**laser**	[laser]
chave (f) de boca	**kunci pas**	[kunʧi pas]
fita (f) adesiva	**selotip**	[selotip]
cola (f)	**lem**	[lem]

lixa (f)	**kertas amplas**	[kertas amplas]
mola (f)	**pegas, per**	[pegas], [pər]
ímã (m)	**magnet**	[magnet]
luva (f)	**sarung tangan**	[saruŋ taŋan]

corda (f)	**tali**	[tali]
cabo (~ de nylon, etc.)	**tambang, tali**	[tambaŋ], [tali]
fio (m)	**kabel, kawat**	[kabel], [kawat]
cabo (~ elétrico)	**kabel, kawat**	[kabel], [kawat]

marreta (f)	**palu godam**	[palu godam]
pé de cabra (m)	**linggis**	[liŋgis]
escada (f) de mão	**tangga**	[taŋga]
escada (m)	**tangga**	[taŋga]

enroscar (vt)	**mengencangkan**	[məŋentʃaŋkan]
desenroscar (vt)	**mengendurkan**	[məŋendurkan]
apertar (vt)	**mengencangkan**	[məŋentʃaŋkan]
colar (vt)	**menempelkan**	[mənempelkan]
cortar (vt)	**memotong**	[memotoŋ]

falha (f)	**malafungsi, kerusakan**	[malafuŋsi], [kerusakan]
conserto (m)	**perbaikan**	[pərbajkan]
consertar, reparar (vt)	**mereparasi, memperbaiki**	[mereparasi], [memperbajki]
regular, ajustar (vt)	**menyetel**	[mənetel]

verificar (vt)	**memeriksa**	[memeriksa]
verificação (f)	**pemeriksaan**	[pemeriksaʔan]
indicação (f), registro (m)	**pencatatan**	[pentʃatatan]

seguro (adj)	**andal**	[andal]
complicado (adj)	**rumit**	[rumit]

enferrujar (vi)	**berkarat, karatan**	[bərkarat], [karatan]
enferrujado (adj)	**berkarat, karatan**	[bərkarat], [karatan]
ferrugem (f)	**karat**	[karat]

Transportes

105. Avião

avião (m)	pesawat terbang	[pesawat tərbaŋ]
passagem (f) aérea	tiket pesawat terbang	[tiket pesawat tərbaŋ]
companhia (f) aérea	maskapai penerbangan	[maskapaj penerbaŋan]
aeroporto (m)	bandara	[bandara]
supersônico (adj)	supersonik	[supersoniʔ]
comandante (m) do avião	kapten	[kapten]
tripulação (f)	awak	[awaʔ]
piloto (m)	pilot	[pilot]
aeromoça (f)	pramugari	[pramugari]
copiloto (m)	navigator, penavigasi	[navigator], [penavigasi]
asas (f pl)	sayap	[sajap]
cauda (f)	ekor	[ekor]
cabine (f)	kokpit	[kokpit]
motor (m)	mesin	[mesin]
trem (m) de pouso	roda pendarat	[roda pendarat]
turbina (f)	turbin	[turbin]
hélice (f)	baling-baling	[baliŋ-baliŋ]
caixa-preta (f)	kotak hitam	[kotaʔ hitam]
coluna (f) de controle	kemudi	[kemudi]
combustível (m)	bahan bakar	[bahan bakar]
instruções (f pl) de segurança	instruksi keselamatan	[instruksi keselamatan]
máscara (f) de oxigênio	masker oksigen	[masker oksigen]
uniforme (m)	seragam	[seragam]
colete (m) salva-vidas	jaket pelampung	[dʒʲaket pelampuŋ]
paraquedas (m)	parasut	[parasut]
decolagem (f)	lepas landas	[lepas landas]
descolar (vi)	bertolak	[bərtolaʔ]
pista (f) de decolagem	jalur lepas landas	[dʒʲalur lepas landas]
visibilidade (f)	visibilitas, pandangan	[visibilitas], [pandaŋan]
voo (m)	penerbangan	[penerbaŋan]
altura (f)	ketinggian	[ketiŋgian]
poço (m) de ar	lubang udara	[lubaŋ udara]
assento (m)	tempat duduk	[tempat duduʔ]
fone (m) de ouvido	headphone, fonkepala	[headphone], [fonkepala]
mesa (f) retrátil	meja lipat	[medʒʲa lipat]
janela (f)	jendela pesawat	[dʒʲendela pesawat]
corredor (m)	lorong	[loroŋ]

106. Comboio

trem (m)	kereta api	[kereta api]
trem (m) elétrico	kereta api listrik	[kereta api listri']
trem (m)	kereta api cepat	[kereta api tʃepat]
locomotiva (f) diesel	lokomotif diesel	[lokomotif disel]
locomotiva (f) a vapor	lokomotif uap	[lokomotif uap]
vagão (f) de passageiros	gerbong penumpang	[gerboŋ penumpaŋ]
vagão-restaurante (m)	gerbong makan	[gerboŋ makan]
carris (m pl)	rel	[rel]
estrada (f) de ferro	rel kereta api	[rel kereta api]
travessa (f)	bantalan rel	[bantalan rel]
plataforma (f)	platform	[platform]
linha (f)	jalur	[dʒ'alur]
semáforo (m)	semafor	[semafor]
estação (f)	stasiun	[stasiun]
maquinista (m)	masinis	[masinis]
bagageiro (m)	porter	[porter]
hospedeiro, -a (m, f)	kondektur	[kondektur]
passageiro (m)	penumpang	[penumpaŋ]
revisor (m)	kondektur	[kondektur]
corredor (m)	koridor	[koridor]
freio (m) de emergência	rem darurat	[rem darurat]
compartimento (m)	kabin	[kabin]
cama (f)	bangku	[baŋku]
cama (f) de cima	bangku atas	[baŋku atas]
cama (f) de baixo	bangku bawah	[baŋku bawah]
roupa (f) de cama	kain kasur	[kain kasur]
passagem (f)	tiket	[tiket]
horário (m)	jadwal	[dʒ'adwal]
painel (m) de informação	layar informasi	[lajar informasi]
partir (vt)	berangkat	[beraŋkat]
partida (f)	keberangkatan	[keberaŋkatan]
chegar (vi)	datang	[dataŋ]
chegada (f)	kedatangan	[kedataŋan]
chegar de trem	datang naik kereta api	[dataŋ naj' kereta api]
pegar o trem	naik ke kereta	[nai' ke kereta]
descer de trem	turun dari kereta	[turun dari kereta]
acidente (m) ferroviário	kecelakaan kereta	[ketʃelaka'an kereta]
descarrilar (vi)	keluar rel	[keluar rel]
locomotiva (f) a vapor	lokomotif uap	[lokomotif uap]
foguista (m)	juru api	[dʒ'uru api]
fornalha (f)	tungku	[tuŋku]
carvão (m)	batu bara	[batu bara]

107. Barco

navio (m)	kapal	[kapal]
embarcação (f)	kapal	[kapal]
barco (m) a vapor	kapal uap	[kapal uap]
barco (m) fluvial	kapal api	[kapal api]
transatlântico (m)	kapal laut	[kapal laut]
cruzeiro (m)	kapal penjelajah	[kapal penʤʲelaʤʲah]
iate (m)	perahu pesiar	[pərahu pesiar]
rebocador (m)	kapal tunda	[kapal tunda]
barcaça (f)	tongkang	[toŋkaŋ]
ferry (m)	feri	[feri]
veleiro (m)	kapal layar	[kapal lajar]
bergantim (m)	kapal brigantin	[kapal brigantin]
quebra-gelo (m)	kapal pemecah es	[kapal pemeʧah es]
submarino (m)	kapal selam	[kapal selam]
bote, barco (m)	perahu	[pərahu]
baleeira (bote salva-vidas)	sekoci	[sekoʧi]
bote (m) salva-vidas	sekoci penyelamat	[sekoʧi penjelamat]
lancha (f)	perahu motor	[pərahu motor]
capitão (m)	kapten	[kapten]
marinheiro (m)	kelasi	[kelasi]
marujo (m)	pelaut	[pelaut]
tripulação (f)	awak	[awaʔ]
contramestre (m)	bosman, bosun	[bosman], [bosun]
grumete (m)	kadet laut	[kadet laut]
cozinheiro (m) de bordo	koki	[koki]
médico (m) de bordo	dokter kapal	[dokter kapal]
convés (m)	dek	[deʔ]
mastro (m)	tiang	[tiaŋ]
vela (f)	layar	[lajar]
porão (m)	lambung kapal	[lambuŋ kapal]
proa (f)	haluan	[haluan]
popa (f)	buritan	[buritan]
remo (m)	dayung	[dajuŋ]
hélice (f)	baling-baling	[baliŋ-baliŋ]
cabine (m)	kabin	[kabin]
sala (f) dos oficiais	ruang rekreasi	[ruaŋ rekreasi]
sala (f) das máquinas	ruang mesin	[ruaŋ mesin]
ponte (m) de comando	anjungan kapal	[anʤʲuŋan kapal]
sala (f) de comunicações	ruang radio	[ruaŋ radio]
onda (f)	gelombang radio	[gelombaŋ radio]
diário (m) de bordo	buku harian kapal	[buku harian kapal]
luneta (f)	teropong	[təropoŋ]
sino (m)	lonceng	[lonʧeŋ]

bandeira (f)	bendera	[bendera]
cabo (m)	tali	[tali]
nó (m)	simpul	[simpul]

corrimão (m)	pegangan	[pegaŋan]
prancha (f) de embarque	tangga kapal	[taŋga kapal]

âncora (f)	jangkar	[dʒʲaŋkar]
recolher a âncora	mengangkat jangkar	[məŋaŋkat dʒʲaŋkar]
jogar a âncora	menjatuhkan jangkar	[məndʒʲatuhkan dʒʲaŋkar]
amarra (corrente de âncora)	rantai jangkar	[rantaj dʒʲaŋkar]

porto (m)	pelabuhan	[pelabuhan]
cais, amarradouro (m)	dermaga	[dermaga]
atracar (vi)	merapat	[merapat]
desatracar (vi)	bertolak	[bərtolaʔ]

viagem (f)	pengembaraan	[peŋembaraʔan]
cruzeiro (m)	pesiar	[pesiar]
rumo (m)	haluan	[haluan]
itinerário (m)	rute	[rute]

banco (m) de areia	beting	[betiŋ]
encalhar (vt)	kandas	[kandas]

tempestade (f)	badai	[badaj]
sinal (m)	sinyal	[sinjal]
afundar-se (vr)	tenggelam	[teŋgelam]
Homem ao mar!	Orang hanyut!	[oraŋ hanyut!]
SOS	SOS	[es-o-es]
boia (f) salva-vidas	pelampung penyelamat	[pelampuŋ penjelamat]

108. Aeroporto

aeroporto (m)	bandara	[bandara]
avião (m)	pesawat terbang	[pesawat tərbaŋ]
companhia (f) aérea	maskapai penerbangan	[maskapaj penerbaŋan]
controlador (m) de tráfego aéreo	pengawas lalu lintas udara	[peŋawas lalu lintas udara]

partida (f)	keberangkatan	[keberaŋkatan]
chegada (f)	kedatangan	[kedataŋan]
chegar (vi)	datang	[dataŋ]

hora (f) de partida	waktu keberangkatan	[waktu keberaŋkatan]
hora (f) de chegada	waktu kedatangan	[waktu kedataŋan]

estar atrasado	terlambat	[tərlambat]
atraso (m) de voo	penundaan penerbangan	[penundaʔan penerbaŋan]

painel (m) de informação	papan informasi	[papan informasi]
informação (f)	informasi	[informasi]
anunciar (vt)	mengumumkan	[məŋumumkan]
voo (m)	penerbangan	[penerbaŋan]

alfândega (f)	pabean	[pabean]
funcionário (m) da alfândega	petugas pabean	[petugas pabean]
declaração (f) alfandegária	pernyataan pabean	[pərnjata'an pabean]
preencher (vt)	mengisi	[məɲisi]
preencher a declaração	mengisi formulir bea cukai	[məɲisi formulir bea ʧukaj]
controle (m) de passaporte	pemeriksaan paspor	[pemeriksa'an paspor]
bagagem (f)	bagasi	[bagasi]
bagagem (f) de mão	jinjingan	[ʤinʤiŋan]
carrinho (m)	troli bagasi	[troli bagasi]
pouso (m)	pendaratan	[pendaratan]
pista (f) de pouso	jalur pendaratan	[dʒ'alur pendaratan]
aterrissar (vi)	mendarat	[məndarat]
escada (f) de avião	tangga pesawat	[taŋga pesawat]
check-in (m)	check-in	[ʧekin]
balcão (m) do check-in	meja check-in	[meʤ'a ʧekin]
fazer o check-in	check-in	[ʧekin]
cartão (m) de embarque	kartu pas	[kartu pas]
portão (m) de embarque	gerbang keberangkatan	[gerbaŋ keberaŋkatan]
trânsito (m)	transit	[transit]
esperar (vi, vt)	menunggu	[mənuŋgu]
sala (f) de espera	ruang tunggu	[ruaŋ tuŋgu]
despedir-se (acompanhar)	mengantar	[məɲantar]
despedir-se (dizer adeus)	berpamitan	[bərpamitan]

Eventos

109. Férias. Evento

festa (f)	perayaan	[pəraja'an]
feriado (m) nacional	hari besar nasional	[hari besar nasional]
feriado (m)	hari libur	[hari libur]
festejar (vt)	merayakan	[merajakan]
evento (festa, etc.)	peristiwa, kejadian	[pəristiwa], [kedʒ'adian]
evento (banquete, etc.)	acara	[atʃara]
banquete (m)	banket	[banket]
recepção (f)	resepsi	[resepsi]
festim (m)	pesta	[pesta]
aniversário (m)	hari jadi, HUT	[hari dʒ'adi], [ha-u-te]
jubileu (m)	yubileum	[yubileum]
celebrar (vt)	merayakan	[merajakan]
Ano (m) Novo	Tahun Baru	[tahun baru]
Feliz Ano Novo!	Selamat Tahun Baru!	[selamat tahun baru!]
Papai Noel (m)	Sinterklas	[sinterklas]
Natal (m)	Natal	[natal]
Feliz Natal!	Selamat Hari Natal!	[selamat hari natal!]
árvore (f) de Natal	pohon Natal	[pohon natal]
fogos (m pl) de artifício	kembang api	[kembaŋ api]
casamento (m)	pernikahan	[pərnikahan]
noivo (m)	mempelai lelaki	[mempelaj lelaki]
noiva (f)	mempelai perempuan	[mempelaj pərempuan]
convidar (vt)	mengundang	[məŋundaŋ]
convite (m)	kartu undangan	[kartu undaŋan]
convidado (m)	tamu	[tamu]
visitar (vt)	mengunjungi	[məŋundʒ'uɲi]
receber os convidados	menyambut tamu	[mənjambut tamu]
presente (m)	hadiah	[hadiah]
oferecer, dar (vt)	memberi	[memberi]
receber presentes	menerima hadiah	[mənerima hadiah]
buquê (m) de flores	buket	[buket]
felicitações (f pl)	ucapan selamat	[utʃapan selamat]
felicitar (vt)	mengucapkan selamat	[mənutʃapkan selamat]
cartão (m) de parabéns	kartu ucapan selamat	[kartu utʃapan selamat]
enviar um cartão postal	mengirim kartu pos	[məɲirim kartu pos]
receber um cartão postal	menerima kartu pos	[mənerima kartu pos]

brinde (m)	toas	[toas]
oferecer (vt)	menawari	[mənawari]
champanhe (m)	sampanye	[sampanje]

divertir-se (vr)	bersukaria	[bərsukaria]
diversão (f)	keriangan, kegembiraan	[keriaŋan], [kegembiraʔan]
alegria (f)	kegembiraan	[kegembiraʔan]

| dança (f) | dansa, tari | [dansa], [tari] |
| dançar (vi) | berdansa, menari | [bərdansa], [menari] |

| valsa (f) | wals | [wals] |
| tango (m) | tango | [taŋo] |

110. Funerais. Enterro

cemitério (m)	pemakaman	[pemakaman]
sepultura (f), túmulo (m)	makam	[makam]
cruz (f)	salib	[salib]
lápide (f)	batu nisan	[batu nisan]
cerca (f)	pagar	[pagar]
capela (f)	kapel	[kapel]

morte (f)	kematian	[kematian]
morrer (vi)	mati, meninggal	[mati], [meniŋgal]
defunto (m)	almarhum	[almarhum]
luto (m)	perkabungan	[pərkabuŋan]

enterrar, sepultar (vt)	memakamkan	[memakamkan]
funerária (f)	rumah duka	[rumah duka]
funeral (m)	pemakaman	[pemakaman]

coroa (f) de flores	karangan bunga	[karaŋan buŋa]
caixão (m)	keranda	[keranda]
carro (m) funerário	mobil jenazah	[mobil dʒʲenazah]
mortalha (f)	kain kafan	[kain kafan]

procissão (f) funerária	prosesi pemakaman	[prosesi pemakaman]
urna (f) funerária	guci abu jenazah	[gutʃi abu dʒʲenazah]
crematório (m)	krematorium	[krematorium]

obituário (m), necrologia (f)	obituarium	[obituarium]
chorar (vi)	menangis	[mənaŋis]
soluçar (vi)	meratap	[meratap]

111. Guerra. Soldados

pelotão (m)	peleton	[peleton]
companhia (f)	kompi	[kompi]
regimento (m)	resimen	[resimen]
exército (m)	tentara	[tentara]
divisão (f)	divisi	[divisi]

| esquadrão (m) | pasukan | [pasukan] |
| hoste (f) | tentara | [tentara] |

| soldado (m) | tentara, serdadu | [tentara], [serdadu] |
| oficial (m) | perwira | [pərwira] |

soldado (m) raso	prajurit	[pradʒʲurit]
sargento (m)	sersan	[sersan]
tenente (m)	letnan	[letnan]
capitão (m)	kapten	[kapten]
major (m)	mayor	[major]
coronel (m)	kolonel	[kolonel]
general (m)	jenderal	[dʒʲenderal]

marujo (m)	pelaut	[pelaut]
capitão (m)	kapten	[kapten]
contramestre (m)	bosman, bosun	[bosman], [bosun]
artilheiro (m)	tentara artileri	[tentara artileri]
soldado (m) paraquedista	pasukan penerjun	[pasukan penerdʒʲun]
piloto (m)	pilot	[pilot]
navegador (m)	navigator, penavigasi	[navigator], [penavigasi]
mecânico (m)	mekanik	[mekaniʔ]

sapador-mineiro (m)	pencari ranjau	[pentʃari randʒʲau]
paraquedista (m)	parasutis	[parasutis]
explorador (m)	pengintai	[peɲintaj]
atirador (m) de tocaia	penembak jitu	[penembaʔ dʒitu]

patrulha (f)	patroli	[patroli]
patrulhar (vt)	berpatroli	[bərpatroli]
sentinela (f)	pengawal	[peɲawal]
guerreiro (m)	prajurit	[pradʒʲurit]
patriota (m)	patriot	[patriot]
herói (m)	pahlawan	[pahlawan]
heroína (f)	pahlawan wanita	[pahlawan wanita]

| traidor (m) | pengkhianat | [peɲhianat] |
| trair (vt) | mengkhianati | [məɲhianati] |

| desertor (m) | desertir | [desertir] |
| desertar (vt) | melakukan desersi | [melakukan desersi] |

mercenário (m)	tentara bayaran	[tentara bajaran]
recruta (m)	rekrut, calon tentara	[rekrut], [tʃalon tentara]
voluntário (m)	sukarelawan	[sukarelawan]

morto (m)	korban meninggal	[korban meniŋgal]
ferido (m)	korban luka	[korban luka]
prisioneiro (m) de guerra	tawanan perang	[tawanan pəraŋ]

112. Guerra. Ações militares. Parte 1

| guerra (f) | perang | [peraŋ] |
| guerrear (vt) | berperang | [bərperaŋ] |

guerra (f) civil	perang saudara	[pəraŋ saudara]
perfidamente	secara curang	[setʃara tʃuraŋ]
declaração (f) de guerra	pernyataan perang	[pərnjata'an pəraŋ]
declarar guerra	menyatakan perang	[mənjatakan pəraŋ]
agressão (f)	agresi	[agresi]
atacar (vt)	menyerang	[mənjeraŋ]
invadir (vt)	menduduki	[mənduduki]
invasor (m)	penduduk	[pendudu']
conquistador (m)	penakluk	[penaklu']
defesa (f)	pertahanan	[pərtahanan]
defender (vt)	mempertahankan	[mempertahankan]
defender-se (vr)	bertahan ...	[bərtahan ...]
inimigo (m)	musuh	[musuh]
adversário (m)	lawan	[lawan]
inimigo (adj)	musuh	[musuh]
estratégia (f)	strategi	[strategi]
tática (f)	taktik	[takti']
ordem (f)	perintah	[pərintah]
comando (m)	perintah	[pərintah]
ordenar (vt)	memerintahkan	[memerintahkan]
missão (f)	tugas	[tugas]
secreto (adj)	rahasia	[rahasia]
batalha (f)	pertempuran	[pərtempuran]
combate (m)	pertempuran	[pərtempuran]
ataque (m)	serangan	[seraŋan]
assalto (m)	serbuan	[serbuan]
assaltar (vt)	menyerbu	[mənjerbu]
assédio, sítio (m)	kepungan	[kepuŋan]
ofensiva (f)	serangan	[seraŋan]
tomar à ofensiva	menyerang	[mənjeraŋ]
retirada (f)	pengunduran	[peŋunduran]
retirar-se (vr)	mundur	[mundur]
cerco (m)	pengepungan	[peŋepuŋan]
cercar (vt)	mengepung	[məŋepuŋ]
bombardeio (m)	pengeboman	[peŋeboman]
lançar uma bomba	menjatuhkan bom	[məndʒ'atuhkan bom]
bombardear (vt)	mengebom	[məŋebom]
explosão (f)	ledakan	[ledakan]
tiro (m)	tembakan	[tembakan]
dar um tiro	melepaskan	[melepaskan]
tiroteio (m)	penembakan	[penembakan]
apontar para ...	membidik	[membidi']
apontar (vt)	mengarahkan	[məŋarahkan]

acertar (vt)	mengenai	[məŋenaj]
afundar (~ um navio, etc.)	menenggelamkan	[mənəŋgelamkan]
brecha (f)	lubang	[lubaŋ]
afundar-se (vr)	karam	[karam]

frente (m)	garis depan	[garis depan]
evacuação (f)	evakuasi	[evakuasi]
evacuar (vt)	mengevakuasi	[məŋevakuasi]

trincheira (f)	parit perlindungan	[parit pərlinduŋan]
arame (m) enfarpado	kawat berduri	[kawat bərduri]
barreira (f) anti-tanque	rintangan	[rintaŋan]
torre (f) de vigia	menara	[mənara]

hospital (m) militar	rumah sakit militer	[rumah sakit militer]
ferir (vt)	melukai	[melukaj]
ferida (f)	luka	[luka]
ferido (m)	korban luka	[korban luka]
ficar ferido	terluka	[tərluka]
grave (ferida ~)	parah	[parah]

113. Guerra. Ações militares. Parte 2

cativeiro (m)	tawanan	[tawanan]
capturar (vt)	menawan	[mənawan]
estar em cativeiro	ditawan	[ditawan]
ser aprisionado	tertawan	[tərtawan]

campo (m) de concentração	kamp konsentrasi	[kamp konsentrasi]
prisioneiro (m) de guerra	tawanan perang	[tawanan pəraŋ]
escapar (vi)	melarikan diri	[melarikan diri]

trair (vt)	mengkhianati	[məŋhianati]
traidor (m)	pengkhianat	[peŋhianat]
traição (f)	pengkhianatan	[peŋhianatan]

fuzilar, executar (vt)	mengeksekusi	[məŋeksekusi]
fuzilamento (m)	eksekusi	[eksekusi]

equipamento (m)	perlengkapan	[pərleŋkapan]
insígnia (f) de ombro	epolet	[epolet]
máscara (f) de gás	masker gas	[masker gas]

rádio (m)	pemancar radio	[pemantʃar radio]
cifra (f), código (m)	kode	[kode]
conspiração (f)	kerahasiaan	[kerahasiaʔan]
senha (f)	kata sandi	[kata sandi]

mina (f)	ranjau darat	[randʒ‌au darat]
minar (vt)	memasang ranjau	[memasaŋ randʒ‌au]
campo (m) minado	padang yang dipenuhi ranjau	[padaŋ yaŋ dipenuhi randʒ‌au]

alarme (m) aéreo	peringatan serangan udara	[pəriŋatan seraŋan udara]
alarme (m)	alarm serangan udara	[alarm seraŋan udara]

sinal (m)	sinyal	[sinjal]
sinalizador (m)	roket sinyal	[roket sinjal]
quartel-general (m)	markas	[markas]
reconhecimento (m)	pengintaian	[peŋintajan]
situação (f)	keadaan	[keada'an]
relatório (m)	laporan	[laporan]
emboscada (f)	penyergapan	[penjergapan]
reforço (m)	bala bantuan	[bala bantuan]
alvo (m)	sasaran	[sasaran]
campo (m) de tiro	lapangan tembak	[lapaŋan temba']
manobras (f pl)	latihan perang	[latihan pəraŋ]
pânico (m)	panik	[pani']
devastação (f)	pengrusakan	[peŋrusakan]
ruínas (f pl)	penghancuran	[peŋhantʃuran]
destruir (vt)	menghancurkan	[məŋhantʃurkan]
sobreviver (vi)	menyintas	[mənjintas]
desarmar (vt)	melucuti	[melutʃuti]
manusear (vt)	mengendalikan	[məŋendalikan]
Sentido!	Siap!	[siap!]
Descansar!	Istirahat di tempat!	[istirahat di tempat!]
façanha (f)	keberanian	[keberanian]
juramento (m)	sumpah	[sumpah]
jurar (vi)	bersumpah	[bərsumpah]
condecoração (f)	anugerah	[anugerah]
condecorar (vt)	menganugerahi	[məŋanugerahi]
medalha (f)	medali	[medali]
ordem (f)	bintang kehormatan	[bintaŋ kehormatan]
vitória (f)	kemenangan	[kemenaŋan]
derrota (f)	kekalahan	[kekalahan]
armistício (m)	gencatan senjata	[gentʃatan sendʒʲata]
bandeira (f)	bendera	[bendera]
glória (f)	kehormatan	[kehormatan]
parada (f)	parade	[parade]
marchar (vi)	berbaris	[bərbaris]

114. Armas

arma (f)	senjata	[sendʒʲata]
arma (f) de fogo	senjata api	[sendʒʲata api]
arma (f) branca	sejata tajam	[sedʒʲata tadʒʲam]
arma (f) química	senjata kimia	[sendʒʲata kimia]
nuclear (adj)	nuklir	[nuklir]
arma (f) nuclear	senjata nuklir	[sendʒʲata nuklir]
bomba (f)	bom	[bom]

bomba (f) atômica	bom atom	[bom atom]
pistola (f)	pistol	[pistol]
rifle (m)	senapan	[senapan]
semi-automática (f)	senapan otomatis	[senapan otomatis]
metralhadora (f)	senapan mesin	[senapan mesin]
boca (f)	moncong	[montʃoŋ]
cano (m)	laras	[laras]
calibre (m)	kaliber	[kaliber]
gatilho (m)	pelatuk	[pelatuʔ]
mira (f)	pembidik	[pembidiʔ]
carregador (m)	magasin	[magasin]
coronha (f)	pantat senapan	[pantat senapan]
granada (f) de mão	granat tangan	[granat taŋan]
explosivo (m)	bahan peledak	[bahan peledaʔ]
bala (f)	peluru	[peluru]
cartucho (m)	patrun	[patrun]
carga (f)	isian	[isian]
munições (f pl)	amunisi	[amunisi]
bombardeiro (m)	pesawat pengebom	[pesawat peŋebom]
avião (m) de caça	pesawat pemburu	[pesawat pemburu]
helicóptero (m)	helikopter	[helikopter]
canhão (m) antiaéreo	meriam penangkis serangan udara	[meriam penaŋkis seraŋan udara]
tanque (m)	tank	[tanʔ]
canhão (de um tanque)	meriam tank	[meriam tanʔ]
artilharia (f)	artileri	[artileri]
canhão (m)	meriam	[meriam]
fazer a pontaria	mengarahkan	[məŋarahkan]
projétil (m)	peluru	[peluru]
granada (f) de morteiro	peluru mortir	[peluru mortir]
morteiro (m)	mortir	[mortir]
estilhaço (m)	serpihan	[serpihan]
submarino (m)	kapal selam	[kapal selam]
torpedo (m)	torpedo	[torpedo]
míssil (m)	rudal	[rudal]
carregar (uma arma)	mengisi	[məŋisi]
disparar, atirar (vi)	menembak	[mənembaʔ]
apontar para ...	membidik	[membidiʔ]
baioneta (f)	bayonet	[bajonet]
espada (f)	pedang rapier	[pedaŋ rapier]
sabre (m)	pedang saber	[pedaŋ saber]
lança (f)	lembing	[lembiŋ]
arco (m)	busur panah	[busur panah]
flecha (f)	anak panah	[anaʔ panah]
mosquete (m)	senapan lantak	[senapan lantaʔ]
besta (f)	busur silang	[busur silaŋ]

115. Povos da antiguidade

primitivo (adj)	primitif	[primitif]
pré-histórico (adj)	prasejarah	[prasedʒ¦arah]
antigo (adj)	kuno	[kuno]
Idade (f) da Pedra	Zaman Batu	[zaman batu]
Idade (f) do Bronze	Zaman Perunggu	[zaman pəruŋgu]
Era (f) do Gelo	Zaman Es	[zaman es]
tribo (f)	suku	[suku]
canibal (m)	kanibal	[kanibal]
caçador (m)	pemburu	[pemburu]
caçar (vi)	berburu	[bərburu]
mamute (m)	mamut	[mamut]
caverna (f)	gua	[gua]
fogo (m)	api	[api]
fogueira (f)	api unggun	[api uŋgun]
pintura (f) rupestre	lukisan gua	[lukisan gua]
ferramenta (f)	alat kerja	[alat kerdʒ¦a]
lança (f)	tombak	[tombaʔ]
machado (m) de pedra	kapak batu	[kapaʼ batu]
guerrear (vt)	berperang	[bərperaŋ]
domesticar (vt)	menjinakkan	[məndʒinaʼkan]
ídolo (m)	berhala	[bərhala]
adorar, venerar (vt)	memuja	[memudʒ¦a]
superstição (f)	takhayul	[tahajul]
ritual (m)	upacara	[upatʃara]
evolução (f)	evolusi	[evolusi]
desenvolvimento (m)	perkembangan	[pərkembaŋan]
extinção (f)	kehilangan	[kehilaŋan]
adaptar-se (vr)	menyesuaikan diri	[mənjesuajkan diri]
arqueologia (f)	arkeologi	[arkeologi]
arqueólogo (m)	arkeolog	[arkeolog]
arqueológico (adj)	arkeologis	[arkeologis]
escavação (sítio)	situs ekskavasi	[situs ekskavasi]
escavações (f pl)	ekskavasi	[ekskavasi]
achado (m)	penemuan	[penemuan]
fragmento (m)	fragmen	[fragmen]

116. Idade média

povo (m)	rakyat	[rakjat]
povos (m pl)	bangsa-bangsa	[baŋsa-baŋsa]
tribo (f)	suku	[suku]
tribos (f pl)	suku-suku	[suku-suku]
bárbaros (pl)	kaum barbar	[kaum barbar]

galeses (pl)	**kaum Gaul**	[kaum gaul]
godos (pl)	**kaum Goth**	[kaum got]
eslavos (pl)	**kaum Slavia**	[kaum slavia]
viquingues (pl)	**kaum Viking**	[kaum vikiŋ]
romanos (pl)	**kaum Roma**	[kaum roma]
romano (adj)	**Romawi**	[romawi]
bizantinos (pl)	**kaum Byzantium**	[kaum bizantium]
Bizâncio	**Byzantium**	[bizantium]
bizantino (adj)	**Byzantium**	[bizantium]
imperador (m)	**kaisar**	[kajsar]
líder (m)	**pemimpin**	[pemimpin]
poderoso (adj)	**adikuasa, berkuasa**	[adikuasa], [bərkuasa]
rei (m)	**raja**	[radʒʲa]
governante (m)	**penguasa**	[peŋuasa]
cavaleiro (m)	**ksatria**	[ksatria]
senhor feudal (m)	**tuan**	[tuan]
feudal (adj)	**feodal**	[feodal]
vassalo (m)	**vasal**	[vasal]
duque (m)	**duke**	[duke]
conde (m)	**earl**	[earl]
barão (m)	**baron**	[baron]
bispo (m)	**uskup**	[uskup]
armadura (f)	**baju besi**	[badʒʲu besi]
escudo (m)	**perisai**	[pərisaj]
espada (f)	**pedang**	[pedaŋ]
viseira (f)	**visor, topeng besi**	[visor], [topeŋ besi]
cota (f) de malha	**baju zirah**	[badʒʲu zirah]
cruzada (f)	**Perang Salib**	[pəraŋ salib]
cruzado (m)	**kaum salib**	[kaum salib]
território (m)	**wilayah**	[wilajah]
atacar (vt)	**menyerang**	[mənjeraŋ]
conquistar (vt)	**menaklukkan**	[mənakluʔkan]
ocupar, invadir (vt)	**menduduki**	[mənduduki]
assédio, sítio (m)	**kepungan**	[kepuŋan]
sitiado (adj)	**terkepung**	[tərkepuŋ]
assediar, sitiar (vt)	**mengepung**	[məŋepuŋ]
inquisição (f)	**inkuisisi**	[inkuisisi]
inquisidor (m)	**inkuisitor**	[inkuisitor]
tortura (f)	**siksaan**	[siksaʔan]
cruel (adj)	**kejam**	[kedʒʲam]
herege (m)	**penganut bidah**	[peŋanut bidah]
heresia (f)	**bidah**	[bidah]
navegação (f) marítima	**pelayaran laut**	[pelajaran laut]
pirata (m)	**bajak laut**	[badʒʲaʔ laut]
pirataria (f)	**pembajakan**	[pembadʒʲakan]

abordagem (f)	serangan terhadap kapal dari dekat	[seraŋan tərhadap kapal dari dekat]
presa (f), butim (m)	rampasan	[rampasan]
tesouros (m pl)	harta karun	[harta karun]
descobrimento (m)	penemuan	[penemuan]
descobrir (novas terras)	menemukan	[mənemukan]
expedição (f)	ekspedisi	[ekspedisi]
mosqueteiro (m)	musketir	[musketir]
cardeal (m)	kardinal	[kardinal]
heráldica (f)	heraldik	[heraldiʔ]
heráldico (adj)	heraldik	[heraldiʔ]

117. Líder. Chefe. Autoridades

rei (m)	raja	[radʒʲa]
rainha (f)	ratu	[ratu]
real (adj)	kerajaan, raja	[keradʒʲa'an], [radʒʲa]
reino (m)	kerajaan	[keradʒʲa'an]
príncipe (m)	pangeran	[paŋeran]
princesa (f)	putri	[putri]
presidente (m)	presiden	[presiden]
vice-presidente (m)	wakil presiden	[wakil presiden]
senador (m)	senator	[senator]
monarca (m)	monark	[monarʔ]
governante (m)	penguasa	[peŋuasa]
ditador (m)	diktator	[diktator]
tirano (m)	tiran	[tiran]
magnata (m)	magnat	[magnat]
diretor (m)	direktur	[direktur]
chefe (m)	atasan	[atasan]
gerente (m)	manajer	[manadʒʲer]
patrão (m)	bos	[bos]
dono (m)	pemilik	[pemiliʔ]
líder (m)	pemimpin	[pemimpin]
chefe (m)	kepala	[kepala]
autoridades (f pl)	pihak berwenang	[pihaʔ bərwenaŋ]
superiores (m pl)	atasan	[atasan]
governador (m)	gabernur	[gabernur]
cônsul (m)	konsul	[konsul]
diplomata (m)	diplomat	[diplomat]
Presidente (m) da Câmara	walikota	[walikota]
xerife (m)	sheriff	[ʃeriff]
imperador (m)	kaisar	[kajsar]
czar (m)	tsar, raja	[tsar], [radʒʲa]
faraó (m)	firaun	[firaun]
cã, khan (m)	khan	[han]

118. Violação da lei. Criminosos. Parte 1

bandido (m)	bandit	[bandit]
crime (m)	kejahatan	[kedʒ'ahatan]
criminoso (m)	penjahat	[pendʒ'ahat]
ladrão (m)	pencuri	[pentʃuri]
roubar (vt)	mencuri	[məntʃuri]
furto, roubo (m)	pencurian	[pentʃurian]
raptar, sequestrar (vt)	menculik	[məntʃuli']
sequestro (m)	penculikan	[pentʃulikan]
sequestrador (m)	penculik	[pentʃuli']
resgate (m)	uang tebusan	[uaŋ tebusan]
pedir resgate	menuntut uang tebusan	[mənuntut uaŋ tebusan]
roubar (vt)	merampok	[merampo']
assalto, roubo (m)	perampokan	[pərampokan]
assaltante (m)	perampok	[pərampo']
extorquir (vt)	memeras	[memeras]
extorsionário (m)	pemeras	[pemeras]
extorsão (f)	pemerasan	[pemerasan]
matar, assassinar (vt)	membunuh	[membunuh]
homicídio (m)	pembunuhan	[pembunuhan]
homicida, assassino (m)	pembunuh	[pembunuh]
tiro (m)	tembakan	[tembakan]
dar um tiro	melepaskan	[melepaskan]
matar a tiro	menembak mati	[mənemba' mati]
disparar, atirar (vi)	menembak	[mənemba']
tiroteio (m)	penembakan	[penembakan]
incidente (m)	insiden, kejadian	[insiden], [kedʒ'adian]
briga (~ de rua)	perkelahian	[pərkelahian]
Socorro!	Tolong!	[toloŋ!]
vítima (f)	korban	[korban]
danificar (vt)	merusak	[merusa']
dano (m)	kerusakan	[kerusakan]
cadáver (m)	jenazah, mayat	[dʒ'enazah], [majat]
grave (adj)	berat	[berat]
atacar (vt)	menyerang	[mənjeraŋ]
bater (espancar)	memukul	[memukul]
espancar (vt)	memukuli	[memukuli]
tirar, roubar (dinheiro)	merebut	[merebut]
esfaquear (vt)	menikam mati	[mənikam mati]
mutilar (vt)	mencederai	[məntʃederaj]
ferir (vt)	melukai	[melukaj]
chantagem (f)	pemerasan	[pemerasan]
chantagear (vt)	memeras	[memeras]

chantagista (m)	pemeras	[pemeras]
extorsão (f)	pemerasan	[pemerasan]
extorsionário (m)	pemeras	[pemeras]
gângster (m)	gangster, preman	[gaŋster], [preman]
máfia (f)	mafia	[mafia]
punguista (m)	pencopet	[pentʃopet]
assaltante, ladrão (m)	perampok	[pərampoʔ]
contrabando (m)	penyelundupan	[penjelundupan]
contrabandista (m)	penyelundup	[penjelundup]
falsificação (f)	pemalsuan	[pemalsuan]
falsificar (vt)	memalsukan	[memalsukan]
falsificado (adj)	palsu	[palsu]

119. Violação da lei. Criminosos. Parte 2

estupro (m)	pemerkosaan	[pemerkosaʔan]
estuprar (vt)	memerkosa	[memerkosa]
estuprador (m)	pemerkosa	[pemerkosa]
maníaco (m)	maniak	[maniaʔ]
prostituta (f)	pelacur	[pelatʃur]
prostituição (f)	pelacuran	[pelatʃuran]
cafetão (m)	germo	[germo]
drogado (m)	pecandu narkoba	[petʃandu narkoba]
traficante (m)	pengedar narkoba	[peŋedar narkoba]
explodir (vt)	meledakkan	[meledaʔkan]
explosão (f)	ledakan	[ledakan]
incendiar (vt)	membakar	[membakar]
incendiário (m)	pelaku pembakaran	[pelaku pembakaran]
terrorismo (m)	terorisme	[tərorisme]
terrorista (m)	teroris	[təroris]
refém (m)	sandera	[sandera]
enganar (vt)	menipu	[mənipu]
engano (m)	penipuan	[penipuan]
vigarista (m)	penipu	[penipu]
subornar (vt)	menyuap	[mənyuap]
suborno (atividade)	penyuapan	[penyuapan]
suborno (dinheiro)	uang suap, suapan	[uaŋ suap], [suapan]
veneno (m)	racun	[ratʃun]
envenenar (vt)	meracuni	[meratʃuni]
envenenar-se (vr)	meracuni diri sendiri	[meratʃuni diri sendiri]
suicídio (m)	bunuh diri	[bunuh diri]
suicida (m)	pelaku bunuh diri	[pelaku bunuh diri]
ameaçar (vt)	mengancam	[məŋantʃam]
ameaça (f)	ancaman	[antʃaman]

atentar contra a vida de ...	melakukan percobaan pembunuhan	[melakukan pərtʃobaʔan pembunuhan]
atentado (m)	percobaan pembunuhan	[pərtʃobaʔan pembunuhan]
roubar (um carro)	mencuri	[məntʃuri]
sequestrar (um avião)	membajak	[membadʒʲaʔ]
vingança (f)	dendam	[dendam]
vingar (vt)	membalas dendam	[membalas dendam]
torturar (vt)	menyiksa	[mənjiksa]
tortura (f)	siksaan	[siksaʔan]
atormentar (vt)	menyiksa	[mənjiksa]
pirata (m)	bajak laut	[badʒʲaʔ laut]
desordeiro (m)	berandal	[bərandal]
armado (adj)	bersenjata	[bərsendʒʲata]
violência (f)	kekerasan	[kekerasan]
ilegal (adj)	ilegal	[ilegal]
espionagem (f)	spionase	[spionase]
espionar (vi)	memata-matai	[memata-mataj]

120. Polícia. Lei. Parte 1

justiça (sistema de ~)	keadilan	[keadilan]
tribunal (m)	pengadilan	[peŋadilan]
juiz (m)	hakim	[hakim]
jurados (m pl)	anggota juri	[aŋgota dʒʲuri]
tribunal (m) do júri	pengadilan juri	[peŋadilan dʒʲuri]
julgar (vt)	mengadili	[məŋadili]
advogado (m)	advokat, pengacara	[advokat], [peɲatʃara]
réu (m)	terdakwa	[tərdakwa]
banco (m) dos réus	bangku terdakwa	[baŋku tərdakwa]
acusação (f)	tuduhan	[tuduhan]
acusado (m)	terdakwa	[tərdakwa]
sentença (f)	hukuman	[hukuman]
sentenciar (vt)	menjatuhkan hukuman	[məndʒʲatuhkan hukuman]
culpado (m)	bersalah	[bərsalah]
punir (vt)	menghukum	[məŋhukum]
punição (f)	hukuman	[hukuman]
multa (f)	denda	[denda]
prisão (f) perpétua	penjara seumur hidup	[pendʒʲara seumur hidup]
pena (f) de morte	hukuman mati	[hukuman mati]
cadeira (f) elétrica	kursi listrik	[kursi listriʔ]
forca (f)	tiang gantungan	[tiaŋ gantuŋan]
executar (vt)	menjalankan hukuman mati	[məndʒʲalankan hukuman mati]

execução (f)	hukuman mati	[hukuman mati]
prisão (f)	penjara	[pendʒˈara]
cela (f) de prisão	sel	[sel]

escolta (f)	pengawal	[peŋawal]
guarda (m) prisional	sipir, penjaga penjara	[sipir], [pendʒˈaga pendʒˈara]
preso, prisioneiro (m)	tahanan	[tahanan]

algemas (f pl)	borgol	[borgol]
algemar (vt)	memborgol	[memborgol]

fuga, evasão (f)	pelarian	[pelarian]
fugir (vi)	melarikan diri	[melarikan diri]
desaparecer (vi)	menghilang	[məŋhilaŋ]
soltar, libertar (vt)	membebaskan	[membebaskan]
anistia (f)	amnesti	[amnesti]

polícia (instituição)	polisi, kepolisian	[polisi], [kepolisian]
polícia (m)	polisi	[polisi]
delegacia (f) de polícia	kantor polisi	[kantor polisi]
cassetete (m)	pentungan karet	[pentuŋan karet]
megafone (m)	pengeras suara	[peŋeras suara]

carro (m) de patrulha	mobil patroli	[mobil patroli]
sirene (f)	sirene	[sirene]
ligar a sirene	membunyikan sirene	[membunjikan sirene]
toque (m) da sirene	suara sirene	[suara sirene]

cena (f) do crime	tempat kejadian perkara	[tempat kedʒˈadian pərkara]
testemunha (f)	saksi	[saksi]
liberdade (f)	kebebasan	[kebebasan]
cúmplice (m)	kaki tangan	[kaki taŋan]
escapar (vi)	melarikan diri	[melarikan diri]
traço (não deixar ~s)	jejak	[dʒˈedʒˈaʔ]

121. Polícia. Lei. Parte 2

procura (f)	pencarian	[pentʃarian]
procurar (vt)	mencari ...	[məntʃari ...]
suspeita (f)	kecurigaan	[ketʃuriga'an]
suspeito (adj)	mencurigakan	[məntʃurigakan]
parar (veículo, etc.)	menghentikan	[məŋhentikan]
deter (fazer parar)	menahan	[mənahan]

caso (~ criminal)	kasus, perkara	[kasus], [pərkara]
investigação (f)	investigasi, penyidikan	[investigasi], [penjidikan]
detetive (m)	detektif	[detektif]
investigador (m)	penyidik	[penjidiʔ]
versão (f)	hipotesis	[hipotesis]

motivo (m)	motif	[motif]
interrogatório (m)	interogasi	[interogasi]
interrogar (vt)	menginterogasi	[məŋinterogasi]
questionar (vt)	menanyai	[mənanjaj]

verificação (f)	**pemeriksaan**	[pemeriksa'an]
batida (f) policial	**razia**	[razia]
busca (f)	**penggeledahan**	[peŋgeledahan]
perseguição (f)	**pengejaran, perburuan**	[peŋedʒ'aran], [pərburuan]
perseguir (vt)	**mengejar**	[məŋedʒ'ar]
seguir, rastrear (vt)	**melacak**	[melatʃa']
prisão (f)	**penahanan**	[penahanan]
prender (vt)	**menahan**	[mənahan]
pegar, capturar (vt)	**menangkap**	[mənaŋkap]
captura (f)	**penangkapan**	[penaŋkapan]
documento (m)	**dokumen**	[dokumen]
prova (f)	**bukti**	[bukti]
provar (vt)	**membuktikan**	[membuktikan]
pegada (f)	**jejak**	[dʒ'edʒ'a']
impressões (f pl) digitais	**sidik jari**	[sidi' dʒ'ari]
prova (f)	**barang bukti**	[baraŋ bukti]
álibi (m)	**alibi**	[alibi]
inocente (adj)	**tidak bersalah**	[tida' bərsalah]
injustiça (f)	**ketidakadilan**	[ketidakadilan]
injusto (adj)	**tidak adil**	[tida' adil]
criminal (adj)	**pidana**	[pidana]
confiscar (vt)	**menyita**	[mənjita]
droga (f)	**narkoba**	[narkoba]
arma (f)	**senjata**	[sendʒ'ata]
desarmar (vt)	**melucuti**	[melutʃuti]
ordenar (vt)	**memerintahkan**	[memerintahkan]
desaparecer (vi)	**menghilang**	[məŋhilaŋ]
lei (f)	**hukum**	[hukum]
legal (adj)	**sah**	[sah]
ilegal (adj)	**tidak sah**	[tida' sah]
responsabilidade (f)	**tanggung jawab**	[taŋguŋ dʒ'awab]
responsável (adj)	**bertanggung jawab**	[bərtaŋguŋ dʒ'awab]

NATUREZA

A Terra. Parte 1

122. Espaço sideral

espaço, cosmo (m)	angkasa	[aŋkasa]
espacial, cósmico (adj)	angkasa	[aŋkasa]
espaço (m) cósmico	ruang angkasa	[ruaŋ aŋkasa]
mundo (m)	dunia	[dunia]
universo (m)	jagat raya	[dʒⁱagat raja]
galáxia (f)	galaksi	[galaksi]
estrela (f)	bintang	[bintaŋ]
constelação (f)	gugusan bintang	[gugusan bintaŋ]
planeta (m)	planet	[planet]
satélite (m)	satelit	[satelit]
meteorito (m)	meteorit	[meteorit]
cometa (m)	komet	[komet]
asteroide (m)	asteroid	[asteroid]
órbita (f)	orbit	[orbit]
girar (vi)	berputar	[bərputar]
atmosfera (f)	atmosfer	[atmosfer]
Sol (m)	matahari	[matahari]
Sistema (m) Solar	tata surya	[tata surja]
eclipse (m) solar	gerhana matahari	[gerhana matahari]
Terra (f)	Bumi	[bumi]
Lua (f)	Bulan	[bulan]
Marte (m)	Mars	[mars]
Vênus (f)	Venus	[venus]
Júpiter (m)	Yupiter	[yupiter]
Saturno (m)	Saturnus	[saturnus]
Mercúrio (m)	Merkurius	[merkurius]
Urano (m)	Uranus	[uranus]
Netuno (m)	Neptunus	[neptunus]
Plutão (m)	Pluto	[pluto]
Via Láctea (f)	Bimasakti	[bimasakti]
Ursa Maior (f)	Ursa Major	[ursa madʒor]
Estrela Polar (f)	Bintang Utara	[bintaŋ utara]
marciano (m)	makhluk Mars	[mahluʔ mars]
extraterrestre (m)	makhluk ruang angkasa	[mahluʔ ruaŋ aŋkasa]

alienígena (m)	alien, makhluk asing	[alien], [mahlu' asiŋ]
disco (m) voador	piring terbang	[piriŋ tərbaŋ]
espaçonave (f)	kapal antariksa	[kapal antariksa]
estação (f) orbital	stasiun antariksa	[stasiun antariksa]
lançamento (m)	peluncuran	[peluntʃuran]
motor (m)	mesin	[mesin]
bocal (m)	nosel	[nosel]
combustível (m)	bahan bakar	[bahan bakar]
cabine (f)	kokpit	[kokpit]
antena (f)	antena	[antena]
vigia (f)	jendela	[dʒʲendela]
bateria (f) solar	sel surya	[sel surja]
traje (m) espacial	pakaian antariksa	[pakajan antariksa]
imponderabilidade (f)	keadaan tanpa bobot	[keada'an tanpa bobot]
oxigênio (m)	oksigen	[oksigen]
acoplagem (f)	penggabungan	[peŋgabuŋan]
fazer uma acoplagem	bergabung	[bərgabuŋ]
observatório (m)	observatorium	[observatorium]
telescópio (m)	teleskop	[teleskop]
observar (vt)	mengamati	[məŋamati]
explorar (vt)	mengeksplorasi	[məŋeksplorasi]

123. A Terra

Terra (f)	Bumi	[bumi]
globo terrestre (Terra)	bola Bumi	[bola bumi]
planeta (m)	planet	[planet]
atmosfera (f)	atmosfer	[atmosfer]
geografia (f)	geografi	[geografi]
natureza (f)	alam	[alam]
globo (mapa esférico)	globe	[globe]
mapa (m)	peta	[peta]
atlas (m)	atlas	[atlas]
Europa (f)	Eropa	[eropa]
Ásia (f)	Asia	[asia]
África (f)	Afrika	[afrika]
Austrália (f)	Australia	[australia]
América (f)	Amerika	[amerika]
América (f) do Norte	Amerika Utara	[amerika utara]
América (f) do Sul	Amerika Selatan	[amerika selatan]
Antártida (f)	Antartika	[antartika]
Ártico (m)	Arktika	[arktika]

124. Pontos cardeais

norte (m)	utara	[utara]
para norte	ke utara	[ke utara]
no norte	di utara	[di utara]
do norte (adj)	utara	[utara]
sul (m)	selatan	[selatan]
para sul	ke selatan	[ke selatan]
no sul	di selatan	[di selatan]
do sul (adj)	selatan	[selatan]
oeste, ocidente (m)	barat	[barat]
para oeste	ke barat	[ke barat]
no oeste	di barat	[di barat]
ocidental (adj)	barat	[barat]
leste, oriente (m)	timur	[timur]
para leste	ke timur	[ke timur]
no leste	di timur	[di timur]
oriental (adj)	timur	[timur]

125. Mar. Oceano

mar (m)	laut	[laut]
oceano (m)	samudra	[samudra]
golfo (m)	teluk	[telu$^{?}$]
estreito (m)	selat	[selat]
terra (f) firme	daratan	[daratan]
continente (m)	benua	[benua]
ilha (f)	pulau	[pulau]
península (f)	semenanjung, jazirah	[semenandʒ'uŋ], [dʒ'azirah]
arquipélago (m)	kepulauan	[kepulauan]
baía (f)	teluk	[telu$^{?}$]
porto (m)	pelabuhan	[pelabuhan]
lagoa (f)	laguna	[laguna]
cabo (m)	tanjung	[tandʒ'uŋ]
atol (m)	pulau karang	[pulau karaŋ]
recife (m)	terumbu	[terumbu]
coral (m)	karang	[karaŋ]
recife (m) de coral	terumbu karang	[terumbu karaŋ]
profundo (adj)	dalam	[dalam]
profundidade (f)	kedalaman	[kedalaman]
abismo (m)	jurang	[dʒ'uraŋ]
fossa (f) oceânica	palung	[paluŋ]
corrente (f)	arus	[arus]
banhar (vt)	berbatasan dengan	[berbatasan deŋan]

| litoral (m) | pantai | [pantaj] |
| costa (f) | pantai | [pantaj] |

maré (f) alta	air pasang	[air pasaŋ]
refluxo (m)	air surut	[air surut]
restinga (f)	beting	[betiŋ]
fundo (m)	dasar	[dasar]

onda (f)	gelombang	[gelombaŋ]
crista (f) da onda	puncak gelombang	[puntʃaʔ gelombaŋ]
espuma (f)	busa, buih	[busa], [buih]

tempestade (f)	badai	[badaj]
furacão (m)	topan	[topan]
tsunami (m)	tsunami	[tsunami]
calmaria (f)	angin tenang	[aŋin tenaŋ]
calmo (adj)	tenang	[tenaŋ]

| polo (m) | kutub | [kutub] |
| polar (adj) | kutub | [kutub] |

latitude (f)	lintang	[lintaŋ]
longitude (f)	garis bujur	[garis budʒⁱur]
paralela (f)	sejajar	[sedʒⁱadʒⁱar]
equador (m)	khatulistiwa	[hatulistiwa]

céu (m)	langit	[laŋit]
horizonte (m)	horizon	[horizon]
ar (m)	udara	[udara]

farol (m)	mercusuar	[mertʃusuar]
mergulhar (vi)	menyelam	[mənjelam]
afundar-se (vr)	karam	[karam]
tesouros (m pl)	harta karun	[harta karun]

126. Nomes de Mares e Oceanos

Oceano (m) Atlântico	Samudra Atlantik	[samudra atlantiʔ]
Oceano (m) Índico	Samudra Hindia	[samudra hindia]
Oceano (m) Pacífico	Samudra Pasifik	[samudra pasifiʔ]
Oceano (m) Ártico	Samudra Arktik	[samudra arktiʔ]

Mar (m) Negro	Laut Hitam	[laut hitam]
Mar (m) Vermelho	Laut Merah	[laut merah]
Mar (m) Amarelo	Laut Kuning	[laut kuniŋ]
Mar (m) Branco	Laut Putih	[laut putih]

Mar (m) Cáspio	Laut Kaspia	[laut kaspia]
Mar (m) Morto	Laut Mati	[laut mati]
Mar (m) Mediterrâneo	Laut Tengah	[laut teŋah]

Mar (m) Egeu	Laut Aegean	[laut aegean]
Mar (m) Adriático	Laut Adriatik	[laut adriatiʔ]
Mar (m) Arábico	Laut Arab	[laut arab]

Mar (m) do Japão	**Laut Jepang**	[laut dʒ'epaŋ]
Mar (m) de Bering	**Laut Bering**	[laut bəriŋ]
Mar (m) da China Meridional	**Laut Cina Selatan**	[laut tʃina selatan]
Mar (m) de Coral	**Laut Karang**	[laut karaŋ]
Mar (m) de Tasman	**Laut Tasmania**	[laut tasmania]
Mar (m) do Caribe	**Laut Karibia**	[laut karibia]
Mar (m) de Barents	**Laut Barents**	[laut barents]
Mar (m) de Kara	**Laut Kara**	[laut kara]
Mar (m) do Norte	**Laut Utara**	[laut utara]
Mar (m) Báltico	**Laut Baltik**	[laut balti']
Mar (m) da Noruega	**Laut Norwegia**	[laut norwegia]

127. Montanhas

montanha (f)	**gunung**	[gunuŋ]
cordilheira (f)	**jajaran gunung**	[dʒ'adʒ'aran gunuŋ]
serra (f)	**sisir gunung**	[sisir gunuŋ]
cume (m)	**puncak**	[puntʃa']
pico (m)	**puncak**	[puntʃa']
pé (m)	**kaki**	[kaki]
declive (m)	**lereng**	[lereŋ]
vulcão (m)	**gunung api**	[gunuŋ api]
vulcão (m) ativo	**gunung api yang aktif**	[gunuŋ api yaŋ aktif]
vulcão (m) extinto	**gunung api yang tidak aktif**	[gunuŋ api yaŋ tida' aktif]
erupção (f)	**erupsi, letusan**	[erupsi], [letusan]
cratera (f)	**kawah**	[kawah]
magma (m)	**magma**	[magma]
lava (f)	**lava, lahar**	[lava], [lahar]
fundido (lava ~a)	**pijar**	[pidʒ'ar]
cânion, desfiladeiro (m)	**kanyon**	[kanjon]
garganta (f)	**jurang**	[dʒ'uraŋ]
fenda (f)	**celah**	[tʃelah]
precipício (m)	**jurang**	[dʒ'uraŋ]
passo, colo (m)	**pass, celah**	[pass], [tʃelah]
planalto (m)	**plato, dataran tinggi**	[plato], [dataran tiŋgi]
falésia (f)	**tebing**	[tebiŋ]
colina (f)	**bukit**	[bukit]
geleira (f)	**gletser**	[gletser]
cachoeira (f)	**air terjun**	[air tərdʒ'un]
gêiser (m)	**geiser**	[geyser]
lago (m)	**danau**	[danau]
planície (f)	**dataran**	[dataran]
paisagem (f)	**landskap**	[landskap]
eco (m)	**gema**	[gema]

alpinista (m)	**pendaki gunung**	[pendaki gunuŋ]
escalador (m)	**pemanjat tebing**	[pemandʒ¡at tebiŋ]
conquistar (vt)	**menaklukkan**	[mənaklu'kan]
subida, escalada (f)	**pendakian**	[pendakian]

128. Nomes de montanhas

Alpes (m pl)	**Alpen**	[alpen]
Monte Branco (m)	**Mont Blanc**	[mon blan]
Pirineus (m pl)	**Pirenia**	[pirenia]
Cárpatos (m pl)	**Pegunungan Karpatia**	[pegunuŋan karpatia]
Urais (m pl)	**Pegunungan Ural**	[pegunuŋan ural]
Cáucaso (m)	**Kaukasus**	[kaukasus]
Elbrus (m)	**Elbrus**	[elbrus]
Altai (m)	**Altai**	[altaj]
Tian Shan (m)	**Tien Shan**	[tjen ʃan]
Pamir (m)	**Pegunungan Pamir**	[pegunuŋan pamir]
Himalaia (m)	**Himalaya**	[himalaja]
monte Everest (m)	**Everest**	[everest]
Cordilheira (f) dos Andes	**Andes**	[andes]
Kilimanjaro (m)	**Kilimanjaro**	[kilimandʒ¡aro]

129. Rios

rio (m)	**sungai**	[suŋaj]
fonte, nascente (f)	**mata air**	[mata air]
leito (m) de rio	**badan sungai**	[badan suŋaj]
bacia (f)	**basin**	[basin]
desaguar no ...	**mengalir ke ...**	[məŋalir ke ...]
afluente (m)	**anak sungai**	[ana' suŋaj]
margem (do rio)	**tebing sungai**	[tebiŋ suŋaj]
corrente (f)	**arus**	[arus]
rio abaixo	**ke hilir**	[ke hilir]
rio acima	**ke hulu**	[ke hulu]
inundação (f)	**banjir**	[bandʒir]
cheia (f)	**banjir**	[bandʒir]
transbordar (vi)	**membanjiri**	[membandʒiri]
inundar (vt)	**membanjiri**	[membandʒiri]
banco (m) de areia	**beting**	[betiŋ]
corredeira (f)	**jeram**	[dʒ¡eram]
barragem (f)	**dam, bendungan**	[dam], [benduŋan]
canal (m)	**kanal, terusan**	[kanal], [tərusan]
reservatório (m) de água	**waduk**	[wadu']
eclusa (f)	**pintu air**	[pintu air]

corpo (m) de água	kolam	[kolam]
pântano (m)	rawa	[rawa]
lamaçal (m)	bencah, paya	[bentʃah], [paja]
redemoinho (m)	pusaran air	[pusaran air]
riacho (m)	selokan	[selokan]
potável (adj)	minum	[minum]
doce (água)	tawar	[tawar]
gelo (m)	es	[es]
congelar-se (vr)	membeku	[membeku]

130. Nomes de rios

rio Sena (m)	Seine	[seine]
rio Loire (m)	Loire	[loire]
rio Tâmisa (m)	Thames	[tems]
rio Reno (m)	Rein	[reyn]
rio Danúbio (m)	Donau	[donau]
rio Volga (m)	Volga	[volga]
rio Don (m)	Don	[don]
rio Lena (m)	Lena	[lena]
rio Amarelo (m)	Suang Kuning	[suaŋ kuniŋ]
rio Yangtzé (m)	Yangtze	[yaŋtze]
rio Mekong (m)	Mekong	[mekoŋ]
rio Ganges (m)	Gangga	[gaŋga]
rio Nilo (m)	Sungai Nil	[suŋaj nil]
rio Congo (m)	Kongo	[koŋo]
rio Cubango (m)	Okavango	[okavaŋo]
rio Zambeze (m)	Zambezi	[zambezi]
rio Limpopo (m)	Limpopo	[limpopo]
rio Mississippi (m)	Mississippi	[misisipi]

131. Floresta

floresta (f), bosque (m)	hutan	[hutan]
florestal (adj)	hutan	[hutan]
mata (f) fechada	hutan lebat	[hutan lebat]
arvoredo (m)	hutan kecil	[hutan ketʃil]
clareira (f)	pembukaan hutan	[pembukaʔan hutan]
matagal (m)	semak belukar	[semaʔ belukar]
mato (m), caatinga (f)	belukar	[belukar]
pequena trilha (f)	jalan setapak	[dʒʲalan setapaʔ]
ravina (f)	parit	[parit]
árvore (f)	pohon	[pohon]

folha (f)	daun	[daun]
folhagem (f)	daun-daunan	[daun-daunan]
queda (f) das folhas	daun berguguran	[daun bərguguran]
cair (vi)	luruh	[luruh]
topo (m)	puncak	[puntʃaʔ]
ramo (m)	cabang	[tʃabaŋ]
galho (m)	dahan	[dahan]
botão (m)	tunas	[tunas]
agulha (f)	daun jarum	[daun dʒʲarum]
pinha (f)	buah pinus	[buah pinus]
buraco (m) de árvore	lubang pohon	[lubaŋ pohon]
ninho (m)	sarang	[saraŋ]
toca (f)	lubang	[lubaŋ]
tronco (m)	batang	[bataŋ]
raiz (f)	akar	[akar]
casca (f) de árvore	kulit	[kulit]
musgo (m)	lumut	[lumut]
arrancar pela raiz	mencabut	[məntʃabut]
cortar (vt)	menebang	[mənebaŋ]
desflorestar (vt)	deforestasi, penggundulan hutan	[deforestasi], [pəŋgundulan hutan]
toco, cepo (m)	tunggul	[tuŋgul]
fogueira (f)	api unggun	[api uŋgun]
incêndio (m) florestal	kebakaran hutan	[kebakaran hutan]
apagar (vt)	memadamkan	[memadamkan]
guarda-parque (m)	penjaga hutan	[pendʒʲaga hutan]
proteção (f)	perlindungan	[pərlinduŋan]
proteger (a natureza)	melindungi	[melinduŋi]
caçador (m) furtivo	pemburu ilegal	[pemburu ilegal]
armadilha (f)	perangkap	[pəraŋkap]
colher (cogumelos, bagas)	memetik	[memetiʔ]
perder-se (vr)	tersesat	[tərsesat]

132. Recursos naturais

recursos (m pl) naturais	sumber daya alam	[sumber daja alam]
minerais (m pl)	bahan tambang	[bahan tambaŋ]
depósitos (m pl)	endapan	[endapan]
jazida (f)	ladang	[ladaŋ]
extrair (vt)	menambang	[mənambaŋ]
extração (f)	pertambangan	[pərtambaŋan]
minério (m)	bijih	[bidʒih]
mina (f)	tambang	[tambaŋ]
poço (m) de mina	sumur tambang	[sumur tambaŋ]
mineiro (m)	penambang	[penambaŋ]

gás (m)	gas	[gas]
gasoduto (m)	pipa saluran gas	[pipa saluran gas]
petróleo (m)	petroleum, minyak	[petroleum], [minja⁷]
oleoduto (m)	pipa saluran minyak	[pipa saluran minja⁷]
poço (m) de petróleo	sumur minyak	[sumur minja⁷]
torre (f) petrolífera	menara bor minyak	[mənara bor minja⁷]
petroleiro (m)	kapal tangki	[kapal taŋki]
areia (f)	pasir	[pasir]
calcário (m)	batu kapur	[batu kapur]
cascalho (m)	kerikil	[kerikil]
turfa (f)	gambut	[gambut]
argila (f)	tanah liat	[tanah liat]
carvão (m)	arang	[araŋ]
ferro (m)	besi	[besi]
ouro (m)	emas	[emas]
prata (f)	perak	[pera⁷]
níquel (m)	nikel	[nikel]
cobre (m)	tembaga	[tembaga]
zinco (m)	seng	[seŋ]
manganês (m)	mangan	[maŋan]
mercúrio (m)	air raksa	[air raksa]
chumbo (m)	timbal	[timbal]
mineral (m)	mineral	[mineral]
cristal (m)	kristal, hablur	[kristal], [hablur]
mármore (m)	marmer	[marmer]
urânio (m)	uranium	[uranium]

A Terra. Parte 2

133. Tempo

tempo (m)	cuaca	[ʧuatʃa]
previsão (f) do tempo	prakiraan cuaca	[prakira'an ʧuatʃa]
temperatura (f)	temperatur, suhu	[temperatur], [suhu]
termômetro (m)	termometer	[tərmometər]
barômetro (m)	barometer	[barometer]
úmido (adj)	lembap	[lembap]
umidade (f)	kelembapan	[kelembapan]
calor (m)	panas, gerah	[panas], [gerah]
tórrido (adj)	panas terik	[panas təri']
está muito calor	panas	[panas]
está calor	hangat	[haŋat]
quente (morno)	hangat	[haŋat]
está frio	dingin	[diŋin]
frio (adj)	dingin	[diŋin]
sol (m)	matahari	[matahari]
brilhar (vi)	bersinar	[bərsinar]
de sol, ensolarado	cerah	[ʧerah]
nascer (vi)	terbit	[terbit]
pôr-se (vr)	terbenam	[tərbenam]
nuvem (f)	awan	[awan]
nublado (adj)	berawan	[bərawan]
nuvem (f) preta	awan mendung	[awan menduŋ]
escuro, cinzento (adj)	mendung	[menduŋ]
chuva (f)	hujan	[hudʒian]
está a chover	hujan turun	[hudʒian turun]
chuvoso (adj)	hujan	[hudʒian]
chuviscar (vi)	gerimis	[gerimis]
chuva (f) torrencial	hujan lebat	[hudʒian lebat]
aguaceiro (m)	hujan lebat	[hudʒian lebat]
forte (chuva, etc.)	lebat	[lebat]
poça (f)	kubangan	[kubaŋan]
molhar-se (vr)	kehujanan	[kehudʒianan]
nevoeiro (m)	kabut	[kabut]
de nevoeiro	berkabut	[bərkabut]
neve (f)	salju	[saldʒiu]
está nevando	turun salju	[turun saldʒiu]

134. Tempo extremo. Catástrofes naturais

trovoada (f)	**hujan badai**	[huʤian badaj]
relâmpago (m)	**kilat**	[kilat]
relampejar (vi)	**berkilau**	[bərkilau]
trovão (m)	**petir**	[petir]
trovejar (vi)	**bergemuruh**	[bərgemuruh]
está trovejando	**bergemuruh**	[bərgemuruh]
granizo (m)	**hujan es**	[huʤian es]
está caindo granizo	**hujan es**	[huʤian es]
inundar (vt)	**membanjiri**	[membanʤiri]
inundação (f)	**banjir**	[banʤir]
terremoto (m)	**gempa bumi**	[gempa bumi]
abalo, tremor (m)	**gempa**	[gempa]
epicentro (m)	**episentrum**	[episentrum]
erupção (f)	**erupsi, letusan**	[erupsi], [letusan]
lava (f)	**lava, lahar**	[lava], [lahar]
tornado (m)	**puting beliung**	[putiŋ beliuŋ]
tornado (m)	**tornado**	[tornado]
tufão (m)	**topan**	[topan]
furacão (m)	**topan**	[topan]
tempestade (f)	**badai**	[badaj]
tsunami (m)	**tsunami**	[tsunami]
ciclone (m)	**siklon**	[siklon]
mau tempo (m)	**cuaca buruk**	[ʧuaʧa buru']
incêndio (m)	**kebakaran**	[kebakaran]
catástrofe (f)	**bencana**	[benʧana]
meteorito (m)	**meteorit**	[meteorit]
avalanche (f)	**longsor**	[loŋsor]
deslizamento (m) de neve	**salju longsor**	[salʤiu loŋsor]
nevasca (f)	**badai salju**	[badaj salʤiu]
tempestade (f) de neve	**badai salju**	[badaj salʤiu]

Fauna

135. Mamíferos. Predadores

predador (m)	predator, pemangsa	[predator], [pemaŋsa]
tigre (m)	harimau	[harimau]
leão (m)	singa	[siŋa]
lobo (m)	serigala	[serigala]
raposa (f)	rubah	[rubah]
jaguar (m)	jaguar	[dʒ¹aguar]
leopardo (m)	leopard, macan tutul	[leopard], [matʃan tutul]
chita (f)	cheetah	[tʃeetah]
pantera (f)	harimau kumbang	[harimau kumbaŋ]
puma (m)	singa gunung	[siŋa gunuŋ]
leopardo-das-neves (m)	harimau bintang salju	[harimau bintaŋ saldʒ¹u]
lince (m)	lynx	[links]
coiote (m)	koyote	[koyot]
chacal (m)	jakal	[dʒ¹akal]
hiena (f)	hiena	[hiena]

136. Animais selvagens

animal (m)	binatang	[binataŋ]
besta (f)	binatang buas	[binataŋ buas]
esquilo (m)	bajing	[badʒiŋ]
ouriço (m)	landak susu	[landaʼ susu]
lebre (f)	terwelu	[tərwelu]
coelho (m)	kelinci	[kelintʃi]
texugo (m)	luak	[luaʼ]
guaxinim (m)	rakun	[rakun]
hamster (m)	hamster	[hamster]
marmota (f)	marmut	[marmut]
toupeira (f)	tikus mondok	[tikus mondoʼ]
rato (m)	tikus	[tikus]
ratazana (f)	tikus besar	[tikus besar]
morcego (m)	kelelawar	[kelelawar]
arminho (m)	ermin	[ermin]
zibelina (f)	sabel	[sabel]
marta (f)	marten	[marten]
doninha (f)	musang	[musaŋ]
visom (m)	cerpelai	[tʃerpelaj]

castor (m)	**beaver**	[beaver]
lontra (f)	**berang-berang**	[bəraŋ-bəraŋ]
cavalo (m)	**kuda**	[kuda]
alce (m)	**rusa besar**	[rusa besar]
veado (m)	**rusa**	[rusa]
camelo (m)	**unta**	[unta]
bisão (m)	**bison**	[bison]
auroque (m)	**aurochs**	[oroks]
búfalo (m)	**kerbau**	[kerbau]
zebra (f)	**kuda belang**	[kuda belaŋ]
antílope (m)	**antelop**	[antelop]
corça (f)	**kijang**	[kidʒˈaŋ]
gamo (m)	**rusa**	[rusa]
camurça (f)	**chamois**	[ʃemva]
javali (m)	**babi hutan jantan**	[babi hutan dʒˈantan]
baleia (f)	**ikan paus**	[ikan paus]
foca (f)	**anjing laut**	[andʒiŋ laut]
morsa (f)	**walrus**	[walrus]
urso-marinho (m)	**anjing laut berbulu**	[andʒiŋ laut bərbulu]
golfinho (m)	**lumba-lumba**	[lumba-lumba]
urso (m)	**beruang**	[bəruaŋ]
urso (m) polar	**beruang kutub**	[bəruaŋ kutub]
panda (m)	**panda**	[panda]
macaco (m)	**monyet**	[monjet]
chimpanzé (m)	**simpanse**	[simpanse]
orangotango (m)	**orang utan**	[oraŋ utan]
gorila (m)	**gorila**	[gorila]
macaco (m)	**kera**	[kera]
gibão (m)	**siamang, ungka**	[siamaŋ], [uŋka]
elefante (m)	**gajah**	[gadʒˈah]
rinoceronte (m)	**badak**	[badaʔ]
girafa (f)	**jerapah**	[dʒˈerapah]
hipopótamo (m)	**kuda nil**	[kuda nil]
canguru (m)	**kanguru**	[kaŋuru]
coala (m)	**koala**	[koala]
mangusto (m)	**garangan**	[garaŋan]
chinchila (f)	**chinchilla**	[tʃintʃilla]
cangambá (f)	**sigung**	[siguŋ]
porco-espinho (m)	**landak**	[landaʔ]

137. Animais domésticos

gata (f)	**kucing betina**	[kutʃiŋ betina]
gato (m) macho	**kucing jantan**	[kutʃiŋ dʒˈantan]
cão (m)	**anjing**	[andʒiŋ]

cavalo (m)	kuda	[kuda]
garanhão (m)	kuda jantan	[kuda dʒˈantan]
égua (f)	kuda betina	[kuda betina]

vaca (f)	sapi	[sapi]
touro (m)	sapi jantan	[sapi dʒˈantan]
boi (m)	lembu jantan	[lembu dʒˈantan]

ovelha (f)	domba	[domba]
carneiro (m)	domba jantan	[domba dʒˈantan]
cabra (f)	kambing betina	[kambiŋ betina]
bode (m)	kambing jantan	[kambiŋ dʒˈantan]

| burro (m) | keledai | [keledaj] |
| mula (f) | bagal | [bagal] |

porco (m)	babi	[babi]
leitão (m)	anak babi	[anaʔ babi]
coelho (m)	kelinci	[kelintʃi]

| galinha (f) | ayam betina | [ajam betina] |
| galo (m) | ayam jago | [ajam dʒˈago] |

pata (f), pato (m)	bebek	[bebeʔ]
pato (m)	bebek jantan	[bebeʔ dʒˈantan]
ganso (m)	angsa	[aŋsa]

| peru (m) | kalkun jantan | [kalkun dʒˈantan] |
| perua (f) | kalkun betina | [kalkun betina] |

animais (m pl) domésticos	binatang piaraan	[binataŋ piaraʔan]
domesticado (adj)	jinak	[dʒinaʔ]
domesticar (vt)	menjinakkan	[mǝndʒinaʔkan]
criar (vt)	membiakkan	[membiaʔkan]

fazenda (f)	peternakan	[peternakan]
aves (f pl) domésticas	unggas	[uŋgas]
gado (m)	ternak	[ternaʔ]
rebanho (m), manada (f)	kawanan	[kawanan]

estábulo (m)	kandang kuda	[kandaŋ kuda]
chiqueiro (m)	kandang babi	[kandaŋ babi]
estábulo (m)	kandang sapi	[kandaŋ sapi]
coelheira (f)	sangkar kelinci	[saŋkar kelintʃi]
galinheiro (m)	kandang ayam	[kandaŋ ajam]

138. Pássaros

pássaro (m), ave (f)	burung	[buruŋ]
pombo (m)	burung dara	[buruŋ dara]
pardal (m)	burung gereja	[buruŋ geredʒˈa]
chapim-real (m)	burung tit	[buruŋ tit]
pega-rabuda (f)	burung murai	[buruŋ muraj]
corvo (m)	burung raven	[buruŋ raven]

gralha-cinzenta (f)	burung gagak	[buruŋ gaga']
gralha-de-nuca-cinzenta (f)	burung gagak kecil	[buruŋ gaga' ketʃil]
gralha-calva (f)	burung rook	[buruŋ roo']
pato (m)	bebek	[bebe']
ganso (m)	angsa	[aŋsa]
faisão (m)	burung kuau	[buruŋ kuau]
águia (f)	rajawali	[radʒ'awali]
açor (m)	elang	[elaŋ]
falcão (m)	alap-alap	[alap-alap]
abutre (m)	hering	[heriŋ]
condor (m)	kondor	[kondor]
cisne (m)	angsa	[aŋsa]
grou (m)	burung jenjang	[buruŋ dʒ'endʒ'aŋ]
cegonha (f)	bangau	[baŋau]
papagaio (m)	burung nuri	[buruŋ nuri]
beija-flor (m)	burung kolibri	[buruŋ kolibri]
pavão (m)	burung merak	[buruŋ mera']
avestruz (m)	burung unta	[buruŋ unta]
garça (f)	kuntul	[kuntul]
flamingo (m)	burung flamingo	[buruŋ flamiŋo]
pelicano (m)	pelikan	[pelikan]
rouxinol (m)	burung bulbul	[buruŋ bulbul]
andorinha (f)	burung walet	[buruŋ walet]
tordo-zornal (m)	burung jalak	[buruŋ dʒ'ala']
tordo-músico (m)	burung jalak suren	[buruŋ dʒ'ala' suren]
melro-preto (m)	burung jalak hitam	[buruŋ dʒ'ala' hitam]
andorinhão (m)	burung apus-apus	[buruŋ apus-apus]
cotovia (f)	burung lark	[buruŋ lar']
codorna (f)	burung puyuh	[buruŋ puyuh]
pica-pau (m)	burung pelatuk	[buruŋ pelatu']
cuco (m)	burung kukuk	[buruŋ kuku']
coruja (f)	burung hantu	[buruŋ hantu]
bufo-real (m)	burung hantu bertanduk	[buruŋ hantu bərtandu']
tetraz-grande (m)	burung murai kayu	[buruŋ muraj kaju]
tetraz-lira (m)	burung belibis hitam	[buruŋ belibis hitam]
perdiz-cinzenta (f)	ayam hutan	[ajam hutan]
estorninho (m)	burung starling	[buruŋ starliŋ]
canário (m)	burung kenari	[buruŋ kenari]
galinha-do-mato (f)	ayam hutan hazel	[ajam hutan hazel]
tentilhão (m)	burung chaffinch	[buruŋ tʃaffintʃ]
dom-fafe (m)	burung bullfinch	[buruŋ bullfintʃ]
gaivota (f)	burung camar	[buruŋ tʃamar]
albatroz (m)	albatros	[albatros]
pinguim (m)	penguin	[peŋuin]

139. Peixes. Animais marinhos

brema (f)	ikan bream	[ikan bream]
carpa (f)	ikan karper	[ikan karper]
perca (f)	ikan tilapia	[ikan tilapia]
siluro (m)	lais junggang	[lajs dʒiuŋgaŋ]
lúcio (m)	ikan pike	[ikan paik]
salmão (m)	salmon	[salmon]
esturjão (m)	ikan sturgeon	[ikan sturdʒien]
arenque (m)	ikan haring	[ikan hariŋ]
salmão (m) do Atlântico	ikan salem	[ikan salem]
cavala, sarda (f)	ikan kembung	[ikan kembuŋ]
solha (f), linguado (m)	ikan sebelah	[ikan sebelah]
lúcio perca (m)	ikan seligi tenggeran	[ikan seligi teŋgeran]
bacalhau (m)	ikan kod	[ikan kod]
atum (m)	tuna	[tuna]
truta (f)	ikan forel	[ikan forel]
enguia (f)	belut	[belut]
raia (f) elétrica	ikan pari listrik	[ikan pari listriʔ]
moreia (f)	belut moray	[belut morey]
piranha (f)	ikan piranha	[ikan piranha]
tubarão (m)	ikan hiu	[ikan hiu]
golfinho (m)	lumba-lumba	[lumba-lumba]
baleia (f)	ikan paus	[ikan paus]
caranguejo (m)	kepiting	[kepitiŋ]
água-viva (f)	ubur-ubur	[ubur-ubur]
polvo (m)	gurita	[gurita]
estrela-do-mar (f)	bintang laut	[bintaŋ laut]
ouriço-do-mar (m)	landak laut	[landaʔ laut]
cavalo-marinho (m)	kuda laut	[kuda laut]
ostra (f)	tiram	[tiram]
camarão (m)	udang	[udaŋ]
lagosta (f)	udang karang	[udaŋ karaŋ]
lagosta (f)	lobster berduri	[lobster berduri]

140. Anfíbios. Répteis

cobra (f)	ular	[ular]
venenoso (adj)	berbisa	[berbisa]
víbora (f)	ular viper	[ular viper]
naja (f)	kobra	[kobra]
píton (m)	ular sanca	[ular santʃa]
jiboia (f)	ular boa	[ular boa]
cobra-de-água (f)	ular tanah	[ular tanah]

cascavel (f)	ular derik	[ular deriˀ]
anaconda (f)	ular anakonda	[ular anakonda]
lagarto (m)	kadal	[kadal]
iguana (f)	iguana	[iguana]
varano (m)	biawak	[biawaˀ]
salamandra (f)	salamander	[salamander]
camaleão (m)	bunglon	[buŋlon]
escorpião (m)	kalajengking	[kaladʒˈeŋkiŋ]
tartaruga (f)	kura-kura	[kura-kura]
rã (f)	katak	[kataˀ]
sapo (m)	kodok	[kodoˀ]
crocodilo (m)	buaya	[buaja]

141. Insetos

inseto (m)	serangga	[seraŋga]
borboleta (f)	kupu-kupu	[kupu-kupu]
formiga (f)	semut	[semut]
mosca (f)	lalat	[lalat]
mosquito (m)	nyamuk	[njamuˀ]
escaravelho (m)	kumbang	[kumbaŋ]
vespa (f)	tawon	[tawon]
abelha (f)	lebah	[lebah]
mamangaba (f)	kumbang	[kumbaŋ]
moscardo (m)	lalat kerbau	[lalat kerbau]
aranha (f)	laba-laba	[laba-laba]
teia (f) de aranha	sarang laba-laba	[saraŋ laba-laba]
libélula (f)	capung	[tʃapuŋ]
gafanhoto (m)	belalang	[belalaŋ]
traça (f)	ngengat	[ŋeŋat]
barata (f)	kecoa	[ketʃoa]
carrapato (m)	kutu	[kutu]
pulga (f)	kutu loncat	[kutu lontʃat]
borrachudo (m)	agas	[agas]
gafanhoto (m)	belalang	[belalaŋ]
caracol (m)	siput	[siput]
grilo (m)	jangkrik	[dʒˈaŋkriˀ]
pirilampo, vaga-lume (m)	kunang-kunang	[kunaŋ-kunaŋ]
joaninha (f)	kumbang koksi	[kumbaŋ koksi]
besouro (m)	kumbang Cockchafer	[kumbaŋ kokʃafer]
sanguessuga (f)	lintah	[lintah]
lagarta (f)	ulat	[ulat]
minhoca (f)	cacing	[tʃatʃiŋ]
larva (f)	larva	[larva]

Flora

142. Árvores

árvore (f)	pohon	[pohon]
decídua (adj)	daun luruh	[daun luruh]
conífera (adj)	pohon jarum	[pohon dʒiarum]
perene (adj)	selalu hijau	[selalu hidʒiau]
macieira (f)	pohon apel	[pohon apel]
pereira (f)	pohon pir	[pohon pir]
cerejeira (f)	pohon ceri manis	[pohon tʃeri manis]
ginjeira (f)	pohon ceri asam	[pohon tʃeri asam]
ameixeira (f)	pohon plum	[pohon plum]
bétula (f)	pohon berk	[pohon bər']
carvalho (m)	pohon eik	[pohon ei']
tília (f)	pohon linden	[pohon linden]
choupo-tremedor (m)	pohon aspen	[pohon aspen]
bordo (m)	pohon mapel	[pohon mapel]
espruce (m)	pohon den	[pohon den]
pinheiro (m)	pohon pinus	[pohon pinus]
alerce, lariço (m)	pohon larch	[pohon lartʃ]
abeto (m)	pohon fir	[pohon fir]
cedro (m)	pohon aras	[pohon aras]
choupo, álamo (m)	pohon poplar	[pohon poplar]
tramazeira (f)	pohon rowan	[pohon rowan]
salgueiro (m)	pohon dedalu	[pohon dedalu]
amieiro (m)	pohon alder	[pohon alder]
faia (f)	pohon nothofagus	[pohon notofagus]
ulmeiro, olmo (m)	pohon elm	[pohon elm]
freixo (m)	pohon abu	[pohon abu]
castanheiro (m)	kastanye	[kastanje]
magnólia (f)	magnolia	[magnolia]
palmeira (f)	palem	[palem]
cipreste (m)	pokok cipres	[poko' sipres]
mangue (m)	bakau	[bakau]
embondeiro, baobá (m)	baobab	[baobab]
eucalipto (m)	kayu putih	[kaju putih]
sequoia (f)	sequoia	[sekuoia]

143. Arbustos

arbusto (m)	rumpun	[rumpun]
arbusto (m), moita (f)	semak	[sema']

| videira (f) | pohon anggur | [pohon aŋgur] |
| vinhedo (m) | kebun anggur | [kebun aŋgur] |

framboeseira (f)	pohon frambus	[pohon frambus]
groselheira-negra (f)	pohon blackcurrant	[pohon ble'karen]
groselheira-vermelha (f)	pohon redcurrant	[pohon redkaren]
groselheira (f) espinhosa	pohon arbei hijau	[pohon arbei hidʒʲau]

acácia (f)	pohon akasia	[pohon akasia]
bérberis (f)	pohon barberis	[pohon barberis]
jasmim (m)	melati	[melati]

junípero (m)	pohon juniper	[pohon dʒʲuniper]
roseira (f)	pohon mawar	[pohon mawar]
roseira (f) brava	pohon mawar liar	[pohon mawar liar]

144. Frutos. Bagas

| fruta (f) | buah | [buah] |
| frutas (f pl) | buah-buahan | [buah-buahan] |

maçã (f)	apel	[apel]
pera (f)	pir	[pir]
ameixa (f)	plum	[plum]

morango (m)	stroberi	[stroberi]
ginja (f)	buah ceri asam	[buah tʃeri asam]
cereja (f)	buah ceri manis	[buah tʃeri manis]
uva (f)	buah anggur	[buah aŋgur]

framboesa (f)	buah frambus	[buah frambus]
groselha (f) negra	blackcurrant	[ble'karen]
groselha (f) vermelha	redcurrant	[redkaren]
groselha (f) espinhosa	buah arbei hijau	[buah arbei hidʒʲau]
oxicoco (m)	buah kranberi	[buah kranberi]

laranja (f)	jeruk manis	[dʒʲeru' manis]
tangerina (f)	jeruk mandarin	[dʒʲeru' mandarin]
abacaxi (m)	nanas	[nanas]
banana (f)	pisang	[pisaŋ]
tâmara (f)	buah kurma	[buah kurma]

limão (m)	jeruk sitrun	[dʒʲeru' sitrun]
damasco (m)	aprikot	[aprikot]
pêssego (m)	persik	[persi']

| quiuí (m) | kiwi | [kiwi] |
| toranja (f) | jeruk Bali | [dʒʲeru' bali] |

baga (f)	buah beri	[buah beri]
bagas (f pl)	buah-buah beri	[buah-buah beri]
arando (m) vermelho	buah cowberry	[buah kowberi]
morango-silvestre (m)	stroberi liar	[stroberi liar]
mirtilo (m)	buah bilberi	[buah bilberi]

145. Flores. Plantas

flor (f)	**bunga**	[buŋa]
buquê (m) de flores	**buket**	[buket]
rosa (f)	**mawar**	[mawar]
tulipa (f)	**tulip**	[tulip]
cravo (m)	**bunga anyelir**	[buŋa anjelir]
gladíolo (m)	**bunga gladiol**	[buŋa gladiol]
centáurea (f)	**cornflower**	[kornflawa]
campainha (f)	**bunga lonceng biru**	[buŋa lontʃeŋ biru]
dente-de-leão (m)	**dandelion**	[dandelion]
camomila (f)	**bunga margrit**	[buŋa margrit]
aloé (m)	**lidah buaya**	[lidah buaja]
cacto (m)	**kaktus**	[kaktus]
fícus (m)	**pohon ara**	[pohon ara]
lírio (m)	**bunga lili**	[buŋa lili]
gerânio (m)	**geranium**	[geranium]
jacinto (m)	**bunga bakung lembayung**	[buŋa bakuŋ lembajuŋ]
mimosa (f)	**putri malu**	[putri malu]
narciso (m)	**bunga narsis**	[buŋa narsis]
capuchinha (f)	**bunga nasturtium**	[buŋa nasturtium]
orquídea (f)	**anggrek**	[aŋgreʔ]
peônia (f)	**bunga peoni**	[buŋa peoni]
violeta (f)	**bunga violet**	[buŋa violet]
amor-perfeito (m)	**bunga pansy**	[buŋa pansi]
não-me-esqueças (m)	**bunga jangan-lupakan-daku**	[buŋa dʒʲaɲan-lupakan-daku]
margarida (f)	**bunga desi**	[buŋa desi]
papoula (f)	**bunga madat**	[buŋa madat]
cânhamo (m)	**rami**	[rami]
hortelã, menta (f)	**mint**	[min]
lírio-do-vale (m)	**lili lembah**	[lili lembah]
campânula-branca (f)	**bunga tetesan salju**	[buŋa tetesan saldʒʲu]
urtiga (f)	**jelatang**	[dʒʲelataŋ]
azedinha (f)	**daun sorrel**	[daun sorrel]
nenúfar (m)	**lili air**	[lili air]
samambaia (f)	**pakis**	[pakis]
líquen (m)	**lichen**	[litʃen]
estufa (f)	**rumah kaca**	[rumah katʃa]
gramado (m)	**halaman berumput**	[halaman bərumput]
canteiro (m) de flores	**bedeng bunga**	[bedeŋ buŋa]
planta (f)	**tumbuhan**	[tumbuhan]
grama (f)	**rumput**	[rumput]

folha (f) de grama	sehelai rumput	[sehelaj rumput]
folha (f)	daun	[daun]
pétala (f)	kelopak	[kelopaʔ]
talo (m)	batang	[bataŋ]
tubérculo (m)	ubi	[ubi]

| broto, rebento (m) | tunas | [tunas] |
| espinho (m) | duri | [duri] |

florescer (vi)	berbunga	[bərbuŋa]
murchar (vi)	layu	[laju]
cheiro (m)	bau	[bau]
cortar (flores)	memotong	[memotoŋ]
colher (uma flor)	memetik	[memetiʔ]

146. Cereais, grãos

grão (m)	biji-bijian	[bidʒi-bidʒian]
cereais (plantas)	padi-padian	[padi-padian]
espiga (f)	bulir	[bulir]

trigo (m)	gandum	[gandum]
centeio (m)	gandum hitam	[gandum hitam]
aveia (f)	oat	[oat]
painço (m)	jawawut	[dʒ'awawut]
cevada (f)	jelai	[dʒ'elaj]

milho (m)	jagung	[dʒ'aguŋ]
arroz (m)	beras	[beras]
trigo-sarraceno (m)	buckwheat	[bakvit]

ervilha (f)	kacang polong	[katʃaŋ poloŋ]
feijão (m) roxo	kacang buncis	[katʃaŋ buntʃis]
soja (f)	kacang kedelai	[katʃaŋ kedelaj]
lentilha (f)	kacang lentil	[katʃaŋ lentil]
feijão (m)	kacang-kacangan	[katʃaŋ-katʃaŋan]

PAÍSES. NACIONALIDADES

147. Europa Ocidental

Europa (f)	Eropa	[eropa]
União (f) Europeia	Uni Eropa	[uni eropa]
Áustria (f)	Austria	[austria]
Grã-Bretanha (f)	Britania Raya	[britania raja]
Inglaterra (f)	Inggris	[ingris]
Bélgica (f)	Belgia	[belgia]
Alemanha (f)	Jerman	[dʒⁱerman]
Países Baixos (m pl)	Belanda	[belanda]
Holanda (f)	Belanda	[belanda]
Grécia (f)	Yunani	[yunani]
Dinamarca (f)	Denmark	[denmarˀ]
Irlanda (f)	Irlandia	[irlandia]
Islândia (f)	Islandia	[islandia]
Espanha (f)	Spanyol	[spanjol]
Itália (f)	Italia	[italia]
Chipre (m)	Siprus	[siprus]
Malta (f)	Malta	[malta]
Noruega (f)	Norwegia	[norwegia]
Portugal (m)	Portugal	[portugal]
Finlândia (f)	Finlandia	[finlandia]
França (f)	Prancis	[prantʃis]
Suécia (f)	Swedia	[swedia]
Suíça (f)	Swiss	[swiss]
Escócia (f)	Skotlandia	[skotlandia]
Vaticano (m)	Vatikan	[vatikan]
Liechtenstein (m)	Liechtenstein	[lajhtensteyn]
Luxemburgo (m)	Luksemburg	[luksemburg]
Mônaco (m)	Monako	[monako]

148. Europa Central e de Leste

Albânia (f)	Albania	[albania]
Bulgária (f)	Bulgaria	[bulgaria]
Hungria (f)	Hongaria	[honjaria]
Letônia (f)	Latvia	[latvia]
Lituânia (f)	Lituania	[lituania]
Polônia (f)	Polandia	[polandia]

Romênia (f)	Romania	[romania]
Sérvia (f)	Serbia	[serbia]
Eslováquia (f)	Slowakia	[slowakia]

Croácia (f)	Kroasia	[kroasia]
República (f) Checa	Republik Ceko	[republi' tʃeko]
Estônia (f)	Estonia	[estonia]

Bósnia e Herzegovina (f)	Bosnia-Hercegovina	[bosnia-hersegovina]
Macedônia (f)	Makedonia	[makedonia]
Eslovênia (f)	Slovenia	[slovenia]
Montenegro (m)	Montenegro	[montenegro]

149. Países da ex-URSS

| Azerbaijão (m) | Azerbaijan | [azerbajdʒ'an] |
| Armênia (f) | Armenia | [armenia] |

Belarus	Belarusia	[belarusia]
Geórgia (f)	Georgia	[dʒordʒia]
Cazaquistão (m)	Kazakistan	[kazakstan]
Quirguistão (m)	Kirgizia	[kirgizia]
Moldávia (f)	Moldova	[moldova]

| Rússia (f) | Rusia | [rusia] |
| Ucrânia (f) | Ukraina | [ukrajna] |

Tajiquistão (m)	Tajikistan	[tadʒikistan]
Turquemenistão (m)	Turkmenistan	[turkmenistan]
Uzbequistão (f)	Uzbekistan	[uzbekistan]

150. Asia

Ásia (f)	Asia	[asia]
Vietnã (m)	Vietnam	[vjetnam]
Índia (f)	India	[india]
Israel (m)	Israel	[israel]

China (f)	Tiongkok	[tjoŋko']
Líbano (m)	Lebanon	[lebanon]
Mongólia (f)	Mongolia	[moŋolia]

| Malásia (f) | Malaysia | [malajsia] |
| Paquistão (m) | Pakistan | [pakistan] |

Arábia (f) Saudita	Arab Saudi	[arab saudi]
Tailândia (f)	Thailand	[tajland]
Taiwan (m)	Taiwan	[tajwan]
Turquia (f)	Turki	[turki]
Japão (m)	Jepang	[dʒ'epaŋ]
Afeganistão (m)	Afghanistan	[afganistan]
Bangladesh (m)	Bangladesh	[baŋladeʃ]

Indonésia (f)	**Indonesia**	[indonesia]
Jordânia (f)	**Yordania**	[yordania]
Iraque (m)	**Irak**	[ira']
Irã (m)	**Iran**	[iran]
Camboja (f)	**Kamboja**	[kambodʒ'a]
Kuwait (m)	**Kuwait**	[kuweyt]
Laos (m)	**Laos**	[laos]
Birmânia (f)	**Myanmar**	[myanmar]
Nepal (m)	**Nepal**	[nepal]
Emirados Árabes Unidos	**Uni Emirat Arab**	[uni emirat arab]
Síria (f)	**Suriah**	[suriah]
Palestina (f)	**Palestina**	[palestina]
Coreia (f) do Sul	**Korea Selatan**	[korea selatan]
Coreia (f) do Norte	**Korea Utara**	[korea utara]

151. América do Norte

Estados Unidos da América	**Amerika Serikat**	[amerika serikat]
Canadá (m)	**Kanada**	[kanada]
México (m)	**Meksiko**	[meksiko]

152. América Central do Sul

Argentina (f)	**Argentina**	[argentina]
Brasil (m)	**Brasil**	[brasil]
Colômbia (f)	**Kolombia**	[kolombia]
Cuba (f)	**Kuba**	[kuba]
Chile (m)	**Chili**	[tʃili]
Bolívia (f)	**Bolivia**	[bolivia]
Venezuela (f)	**Venezuela**	[venezuela]
Paraguai (m)	**Paraguay**	[paraguaj]
Peru (m)	**Peru**	[peru]
Suriname (m)	**Suriname**	[suriname]
Uruguai (m)	**Uruguay**	[uruguaj]
Equador (m)	**Ekuador**	[ekuador]
Bahamas (f pl)	**Kepulauan Bahama**	[kepulauan bahama]
Haiti (m)	**Haiti**	[haiti]
República Dominicana	**Republik Dominika**	[republi' dominika]
Panamá (m)	**Panama**	[panama]
Jamaica (f)	**Jamaika**	[dʒ'amajka]

153. Africa

Egito (m)	**Mesir**	[mesir]
Marrocos	**Maroko**	[maroko]

Tunísia (f)	Tunisia	[tunisia]
Gana (f)	Ghana	[gana]
Zanzibar (m)	Zanzibar	[zanzibar]
Quênia (f)	Kenya	[kenia]
Líbia (f)	Libia	[libia]
Madagascar (m)	Madagaskar	[madagaskar]
Namíbia (f)	Namibia	[namibia]
Senegal (m)	Senegal	[senegal]
Tanzânia (f)	Tanzania	[tanzania]
África (f) do Sul	Afrika Selatan	[afrika selatan]

154. Austrália. Oceania

Austrália (f)	Australia	[australia]
Nova Zelândia (f)	Selandia Baru	[selandia baru]
Tasmânia (f)	Tasmania	[tasmania]
Polinésia (f) Francesa	Polinesia Prancis	[polinesia prantʃis]

155. Cidades

Amesterdã, Amsterdã	Amsterdam	[amsterdam]
Ancara	Ankara	[ankara]
Atenas	Athena	[atena]
Bagdade	Bagdad	[bagdad]
Bancoque	Bangkok	[baŋko']
Barcelona	Barcelona	[bartʃelona]
Beirute	Beirut	[beyrut]
Berlim	Berlin	[berlin]
Bonn	Bonn	[bonn]
Bordéus	Bordeaux	[bordo]
Bratislava	Bratislava	[bratislava]
Bruxelas	Brussel	[brusel]
Bucareste	Bukares	[bukares]
Budapeste	Budapest	[budapest]
Cairo	Kairo	[kajro]
Calcutá	Kolkata	[kolkata]
Chicago	Chicago	[tʃikago]
Cidade do México	Meksiko	[meksiko]
Copenhague	Kopenhagen	[kopenhagen]
Dar es Salaam	Darussalam	[darussalam]
Deli	Delhi	[delhi]
Dubai	Dubai	[dubaj]
Dublim	Dublin	[dublin]
Düsseldorf	Düsseldorf	[dyuseldorf]
Estocolmo	Stockholm	[stokholm]
Florença	Firenze	[firenze]

Frankfurt	**Frankfurt**	[frankfurt]
Genebra	**Jenewa**	[dʒʲenewa]
Haia	**Den Hague**	[den hag]
Hamburgo	**Hamburg**	[hamburg]
Hanói	**Hanoi**	[hanoi]
Havana	**Havana**	[havana]
Helsinque	**Helsinki**	[helsinki]
Hiroshima	**Hiroshima**	[hiroʃima]
Hong Kong	**Hong Kong**	[hoŋ koŋ]
Istambul	**Istambul**	[istambul]
Jerusalém	**Yerusalem**	[erusalem]
Kiev, Quieve	**Kiev**	[kiev]
Kuala Lumpur	**Kuala Lumpur**	[kuala lumpur]
Lion	**Lyons**	[lion]
Lisboa	**Lisbon**	[lisbon]
Londres	**London**	[london]
Los Angeles	**Los Angeles**	[los enzheles]
Madrid	**Madrid**	[madrid]
Marselha	**Marseille**	[marseille]
Miami	**Miami**	[miami]
Montreal	**Montréal**	[montreal]
Moscou	**Moskow**	[moskow]
Mumbai	**Mumbai**	[mumbaj]
Munique	**Munich**	[munitʃ]
Nairóbi	**Nairobi**	[najrobi]
Nápoles	**Napoli**	[napoli]
Nice	**Nice**	[nitʃe]
Nova York	**New York**	[nju yorʔ]
Oslo	**Oslo**	[oslo]
Ottawa	**Ottawa**	[ottawa]
Paris	**Paris**	[paris]
Pequim	**Beijing**	[beydʒiŋ]
Praga	**Praha**	[praha]
Rio de Janeiro	**Rio de Janeiro**	[rio de dʒʲaneyro]
Roma	**Roma**	[roma]
São Petersburgo	**Saint Petersburg**	[sajnt petersburg]
Seul	**Seoul**	[seoul]
Singapura	**Singapura**	[siŋapura]
Sydney	**Sydney**	[sidni]
Taipé	**Taipei**	[tajpey]
Tóquio	**Tokyo**	[tokio]
Toronto	**Toronto**	[toronto]
Varsóvia	**Warsawa**	[warsawa]
Veneza	**Venesia**	[venesia]
Viena	**Wina**	[wina]
Washington	**Washington**	[waʃiŋton]
Xangai	**Shanghai**	[ʃanhaj]